愛知大学綜合郷土研究所ブックレット

17

東海道二川宿

本陣・旅籠の残る町

三世善徳

●目　次●

はじめに

天保九年（一八三八）五月四日、東海道二川宿《ふたがわしゅく》の本陣馬場家では、土佐藩山内家若殿様宿泊の準備に大わらわであった。もともと山内家の宿泊は西隣吉田宿の予定であったが、日程が変更となり、前日三日の午前一一時頃山内家役人が来て四日の宿泊を命ぜられたのであった。

馬場家では、二川宿は二年続いて大風雨にあい本陣・旅籠屋《はたごや》をはじめとする家々の破損が激しいため、大名行列の供の者が宿泊する下宿《したやど》が五〇軒ほどしかなく、山内家のような人数の多い行列では、すべての人を宿場に宿泊させることはできないと依頼を断ったが、山内家役人は聞き入れず、若殿の名を記した関札《せきふだ》や宿泊割を記した下宿帳を置いていったのである。

馬場家は急ぎ本陣宿泊の準備や掃除をするとともに、宿場内の旅籠屋・茶屋・商家・農家など行列の供が宿泊する下宿の手配をし、下宿で不足する布団や膳・椀などの道具を近くの村から借り受け、山内家若殿様宿泊の準備を進めていた。ところが、宿泊当日の四日昼頃山内家の飛脚が本陣を訪れ、本日は大雨であるので宿泊は白須賀宿となり、二川宿は五日朝の小休《こやすみ》になったと知らせて来たのである。このため本陣馬場家で手配した下宿や借り受けた道具はすべてむだとなってしまった。山内家若殿様は五日朝八時前に二川宿へ着き本陣で小休し、小休料金二〇〇疋（金二分）を支払っていった。馬場家では準備した下宿や道具が不用となったので、少しでもその代金を支払ってほしいと願い出、その結果金三〇〇疋が宿泊不用代として支払われた。

これは、豊橋市南東部、静岡県との県境近くに位置する二川《ふたがわ》町と大岩《おおいわ》町に置かれた東海道五十三次の宿場二川宿の本陣馬場家に残る宿帳（表紙カラー写真）に記載された内容を要約したものである。

二川宿は東海道五十三次の宿場のなかでは比較的規模の小さい宿場で、大名など身分の高い人々が休泊する本陣も、定宿とする大名は少なく、宿泊を依頼される場合も、右のように川留めなどによる日程変更で前日や当日に依頼される場合がほとんどであり、その宿泊さえも変更となる場合があったのである。

明治以降、二川宿は製糸の町として発展したが、幸いにも戦災に遭わず、道路が拡幅されることもなかったため、宿場町の面影を残す地域となっていた。また、江戸時代の歴史を今に伝える古文書も、江戸時代後期、とくに文化・文政以降のものが豊富に残されていた。

本陣馬場家は明治・大正・昭和の荒波を耐え、昭和六〇年（一九八五）豊橋市に寄贈され、改修復原工事により江戸時代の姿となり、平成三年、江戸時代の旅をテーマとした資料館とともに「二川宿本陣資料館」として一般公開された。さらに平成一二年には本陣東隣に建つ旅籠屋《はたごや》清明屋《せいめいや》も寄贈され、同じく改修復原工事を行い同一七年に一般公開された。これにより二川宿は、江戸時代に大名など貴人の宿であった本陣と一般庶民の宿であった旅籠屋を揃って見ることのできる所となった。これから、「街道無類之貧小宿」と自称した二川宿の姿を伝えるとともに、江戸時代の宿泊施設であった本陣と旅籠屋について豊富に残る史料により紹介する。

一　東海道二川宿

◉——東海道五十三次

慶長六年（一六〇一）正月、前年九月の関ヶ原合戦に勝利した徳川家康は、実質的な天下の覇者となり（実際に将軍に任命されるのは慶長八年）江戸と京を結ぶ東海道の町や村を宿場に指定し、公用の人や荷物を運ぶ人馬を宿場に常備させ、宿場から宿場へと貨客や書状を継ぎ送る、伝馬継立《てんまつぎたて》による宿駅制度の整備を始めた。

この時各宿場には「伝馬朱印状《てんましゅいんじょう》」と「御伝馬之定《ごてんまのさだめ》」が下付されたが、現在これらの史料が残る宿場及び下付されたことが記録に残る宿場を合わせると四〇数宿となり、慶長六年に東海道五十三次の宿場がすべて指定されたわけではなかった。

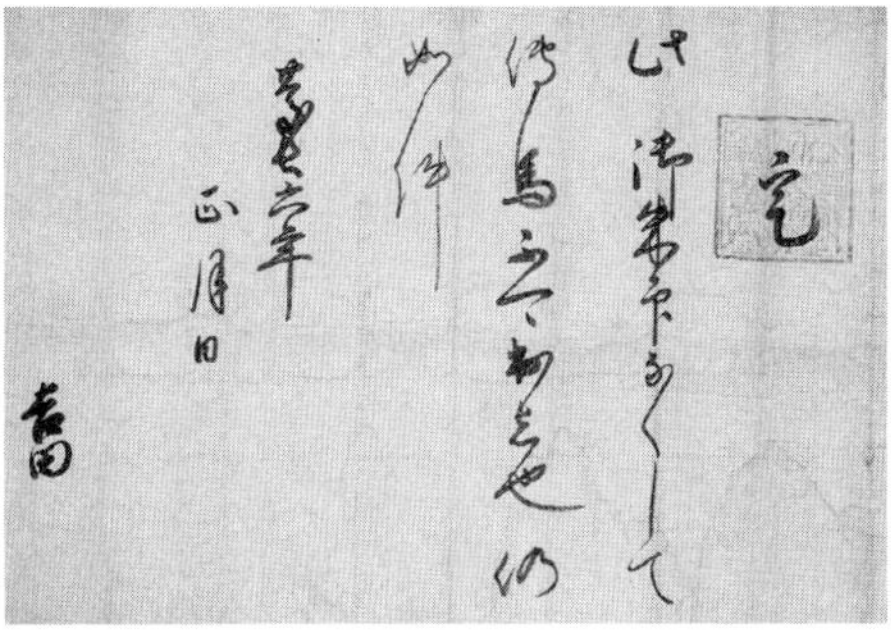

慶長六年吉田宿に下された「伝馬朱印状」
（豊橋市美術博物館蔵）

宿場の指定に当たっては戦国期から領主の伝馬継立を行っていた町村を中心に指定されたが、宿場間の距離の長い所や、伝馬継立を行っていながら指定に漏れた所が順次追加の指定を受けた。

この後、慶長七年に岡部宿、同九年に戸塚宿、元和二年（一六一六）に袋井宿、石薬師宿、同四年に箱根宿、同九年に川崎宿、そして寛永元年（一六二四）に庄野宿が設置され、ここに江戸から京都間に五三宿がそろったのである。

幕府は東海道をはじめとして、中山道・甲州道中・日光道中・奥州道中などいわゆる五街道や美濃路・佐屋路・本坂道（通称姫街道）など付属の街道に伝馬継立制度を制定するとともに、江戸の防備と大名等の統制のため街道各所に関所を設け、松並木・一里塚・橋梁・渡し場などの各種施設の整備を行い、江戸を起点とする交通網の掌握を図った。

このなかで東海道は、江戸と京・大坂を結ぶ最も重要な街道として重視され、参勤交代の大名行列をはじめ多くの旅人がこの街道を行き交った。このため幕府も、宿場で不足する人馬を出す助郷《すけごう》の指定や宿場困窮・災害時には多くの助成を行い街道・宿場の維持に尽力した。

◉——二川宿の成立

東海道二川宿は江戸から数えて三三番目の宿場で、江戸日本橋より七二里三町余（約二八三km）、東隣白須賀宿へは一里一七町（約五・八km）、西吉田宿へは一里二〇町（約六・一km）の距離にあり、遠江国から三河国へ入って最初の宿場であった。「伝馬朱印状」「御伝馬之定」は現存しないものの、江戸時代中期の史料などから慶長六年（一六〇一）の宿駅制度設定時よりの宿場であったと推定されている。

二川の地名が史書などに見られるようになるのは戦国時代末期からで、家康の家臣であった松

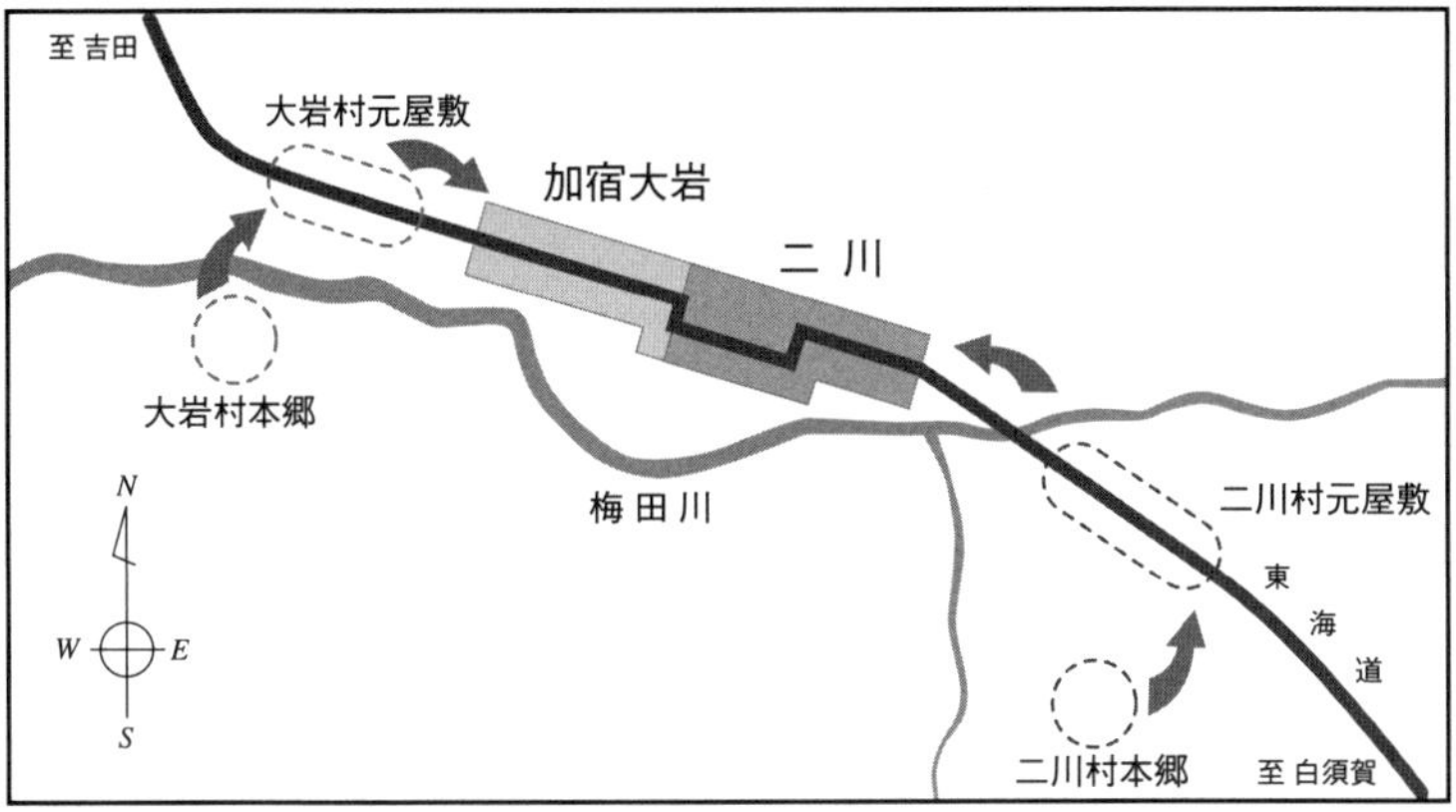

二川・大岩の移転と宿場町の成立

平家忠の記録した『家忠日記』天正六年（一五七八）の項以降散見されるようになる。一方、後に加宿となる大岩は大岩郷として南北朝期からその名が知られている。

二川・大岩ともに天正期以前は梅田川の南、本郷の地にあったと伝えられている。大岩の本郷については、平成一二から一三年度に行われた発掘調査により、中世（一二世紀後半から一六世紀末）の集落跡が見つかり、移転前の集落の存在が確認された。

この後、二川は天正一三年頃、大岩は同一一年、街道の移動に伴い元屋敷の地へ移転したと伝えられ、両村はこの元屋敷の地で慶長六年宿場に指定され、一二町（約一・三km）ほどの距離を隔てて一宿分の継立を行っていたという。

しかし、距離を隔てた二村での人馬継立は不便であるうえ、寛永一二年（一六三五）以降制度化された参勤交代などによる交通量の増大により宿民は疲弊し、寛永二〇年両村は吉田藩領より幕府領へ移管された。さらに翌正保元年（一六四四）には二川が西方の大岩村地内へ移転すると同時に、大岩も二川の町並みに接続する形で東方へ移転し、現在地に二川と大岩の町並みが一続きとなる宿場が形成された。正確な時期は不明であるが、この頃から二川が本宿となり、大岩は宿場で

東海道五十三次之内（保永堂版）二川　歌川広重画
（豊橋市二川宿本陣資料館蔵）

用意すべき公用の人馬が不足する場合に、これを補うために宿場周辺の町村が指定された加宿となった。これ以降二川宿・加宿大岩町からなる宿場として明治維新による宿駅制度の廃止まで続いた。

宿場の町割は正保元年の移転により、街道に沿って間口が狭く奥行の長い宿場町特有の宅地割が行われ、ほぼ東西に延びる街道の両側に家々が軒を連ねていた。寺院や神社は比較的土地の高い街道北側に配され、南側には梅田川が蛇行しながら東西に流れていた（表紙カラー絵図）。

町並みは一二町二六間（約一・三km）の長さがあり、そのうち二川が六町四〇間（約七百m）、加宿大岩町が五町四六間（約六百m）で、二川には街道に沿って東から東町・新橋町・中町の三町が連なり、江戸時代後期には新橋町の北側に世古町が形成された。また、中町の大岩よりの地域は、正保元年移転時二川が大岩の村域に入り込んだ代償として大岩分の馬一七疋分を負担したので一七疋町《じゅうひちきまち》と呼ばれた。

一方、大岩町は東側の中町と西側の茶屋町の二町からなっていた。宿内には二川・大岩境と二川新橋町に街道を直角に屈曲させた枡形《ますがた》があり、二川・大岩境の枡形南側に東面して高札場《こうさつば》が設置され、宿場の東入口二川東町には一里塚があり榎が植えられていた。

宿場の中心は二川中町で、本陣・脇本陣・問屋場《といやば》各一軒をはじめとして大部分の旅籠屋が軒を連ねていた。一方大岩町の問屋場は中町にあったが、加宿であるため旅籠屋の営業は認められず、宿の西入口、大岩茶屋町は旅人の休憩所である立場《たてば》とされ、茶屋が建ち並んでいた。

天保一四年（一八四三）頃に幕府道中奉行が作成した「東海道宿村大概帳《とうかいどうしゅくそんたいがいちょう》」には二川宿・加宿大岩町あわせて、人口一四六八人・家数三二八軒・本陣一軒・脇本陣一軒・旅籠屋三八軒とあり、人口で四二番目、家数で四一番目、旅籠屋数では三六番目と、東海道五十三次のなかでは小規模な宿場であり、特産品や名物がある宿場でもなかった。

江戸時代後期の村絵図を見ると、街道に沿った町並み以外に集落はなく（二川には江戸後期に本郷の地付近に枝郷三ツ谷があった）、集落の東西に延びる街道には見事な松並木が続いていた。町並みの南を流れる梅田川周辺の低地には田が、町並みの周辺や梅田川南の台地上には畑が広がり、周辺には灌漑用の溜め池が多く見られる。ほかは荒れ地や幕府管理の御林であったが、やせ地であったため建築用材として使用できる木はほとんどなく、広重画く浮世絵に見られるような細い曲木であった。以上のように二川宿は、幕府道中奉行管轄下の宿場として伝馬継立などを行うとともに、幕府代官所や大名の領地として年貢を納める村であるという二重の性格を有していた。

注　二川宿・加宿大岩町は年貢負担の村という意味ではそれぞれに独立した村であるが、道中奉行管轄下の宿場としては両者をあわせて二川宿と表記する場合があるので、以後、二川宿と記した場合は両者を含んだ内容とし、村としての二川宿はたんに二川と表記する。

◉——二川宿の概要

領主の変遷

二川と大岩町は隣接して一つの宿場を運営していたためか、江戸時代を通して、領主の移動は常に同じであった（表1）。江戸時代初期には、幕府領・吉田藩領・幕府領・志摩国鳥羽藩領と移動を繰り返すが、享保一〇年（一七二五）暮から明治維新まで一四〇年余は一貫して幕府領であった。この間の支配代官所は駿府・島田・中泉などと変遷するが、一九世紀以降は遠江国中泉代官の管轄で、出張陣屋である三河国宝飯郡の赤坂陣屋の支配下にあった。

天和元年（一六八一）の鳥羽藩への編入は、従来三万石余であった同藩に土井周防守利益が七万石で移封してきたため、不足する領地を三河国などで補ったためで、二川宿には三河国の鳥羽藩出張陣屋が置かれた。また、幕府領に戻ってからの安永五年（一七七六）から同九年までは島田代官所の出張陣屋が二川宿に置かれた。これは現在の二川小学校あたりに置かれたといい、ちょうど二川・大岩境の町並み北側に位置していた。

表1　二川宿領主の変遷

	領主
慶長6年(1601) ⇓	幕府領
寛永9年(1632) ⇓	三河国 吉田藩領
寛永20年(1643) ⇓	幕府領
天和元年(1681) ⇓	志摩国 鳥羽藩領
享保10年(1725) ⇓	幕府領
明治元年(1868)	三河県
明治2年(1869)	静岡藩
明治4年(1871)	額田県
明治5年(1872)	愛知県

宿場の規模（家数・人口など）

江戸時代の前半、とくに一七世紀は一般的に新田開発などによる耕地の拡大、人口の増加の時期であり、地域差はあるもののとくに人口は元禄から享保年間にかけて最高となり以降停滞もしくは減少傾向を示し、幕末から明治に向け増加する傾向を示している。

二川の宿高は寛永年間頃三六三石余であったものが元禄年間には六一三石余、天保年間には六八一石余となっており、前期に大幅な耕地の拡大があったことがわかる。同じく大岩町も寛永年間に二二四石余、元禄年間に三八四石余、天保年間に四七〇石余と耕地を拡大させている。

二川の家数・人口を示す最も古い記録は享保一二年の家数二〇九軒・人口九九二人で、人口についてはは江戸期の最高の数値である。この後、一八世紀は伝馬継立による宿場の疲弊にあわせて、享保二〇年、宝暦三年（一七五三）の大火、享保の飢饉、天明の大飢饉・疫病など災害の多発により家数・人口ともに減少の一途をたどり、天明五年（一七八五）には家数一七三軒・人口五七一人となり家数で二割減、人口で四割減という大幅な減少を示し、人口の最低値を記録している。

天明四年「御用書上写《ごようかきあげうつし》」の三月の記録では、「前年の一一月上旬より流行病が多くなり、さらに、凶作が重なり諸色高値となり日々の夫食《ふじき》（食糧）を買うことさえ困難になっており、また、毎年初春には関東より伊勢参宮の旅人が多く通行し、その宿泊者によって多少は宿場助成になっているが、今年は一向に旅人の姿が見えない」と述べ、「三月までに二川・加宿大岩町合わせて二〇軒が潰家となり五四人が死亡した」として夫食拝借願いを提出している。さらに四月には前年一〇月から四月までに、飢饉と疫病のため二川で六五人、大岩で三八人計一〇三人が死亡し、四一軒が空き家になっていると支配代官所へ報告している。

しかし、一九世紀に入ると家数・人口ともに増加に転じ天保九年（一八三八）には家数二〇二軒・人口八八九人となり享保期に近い水準まで回復し、以後多少の増減はあるものの文政年間以降は家数二〇〇余軒・人口八〇〇人台となって明治を迎えている。

一方、大岩町については江戸時代前中期の家数・人口が判明する史料は残っておらず、安永九年（一七八〇）の一二九軒・五二二人が最古のものである。二川の数値をみるとこの数字はかなりの人口減を経た後のものと思われるが、大岩ではこの後も減少を続け享和二年（一八〇二）に一一〇軒・四一二人と人口の最低値を記録する。しかし、以後は二川宿同様増加に転じ、家数一三〇軒・人口六〇〇人前後で推移し、明治を迎えている。

家族構成

江戸時代、幕府はキリスト教を禁止し、人々はいずれかの寺院の檀家となった。キリスト教徒でない証しとして作成されたのが「宗門人別御改帳《しゅうもんにんべつおんあらためちょう》」で各宿・村民の名前・年齢・戸数・人口・家族構成などを知ることができる。

二川が元治元年（一八六四）、大岩が文久二年（一八六二）の「宗門人別御改帳」を見ると、檀家となる寺院では二川の松音寺・妙泉寺、大岩の大岩寺《だいがんじ》が七〇％を占め、他には吉田宿や近隣の村の寺院の名が見える。また、各家の人数を見ると、一二人、一一人などの大家族もあるが、大部分は二人から六人までであり、一軒の家族数を平均すると二川で三・九人、大岩で四・一人となっており、史料の残る江戸時代後期を通して四人前後で推移している。

通婚圏

二川には、当時の人々が婚姻・転居の際に必要とした村送り状や宗門送り状が数多く残されており、これにより江戸時代後期の二川への通婚圏を知ることができる。

二川へ嫁入りまたは養子縁組で来た者のうち、村名を確認できる者は寛政四年（一七九二）から明治五年（一八七二）までの期間に二二六例あり、近隣地域を示したものが図1である。

地域別では二川の属する渥美郡

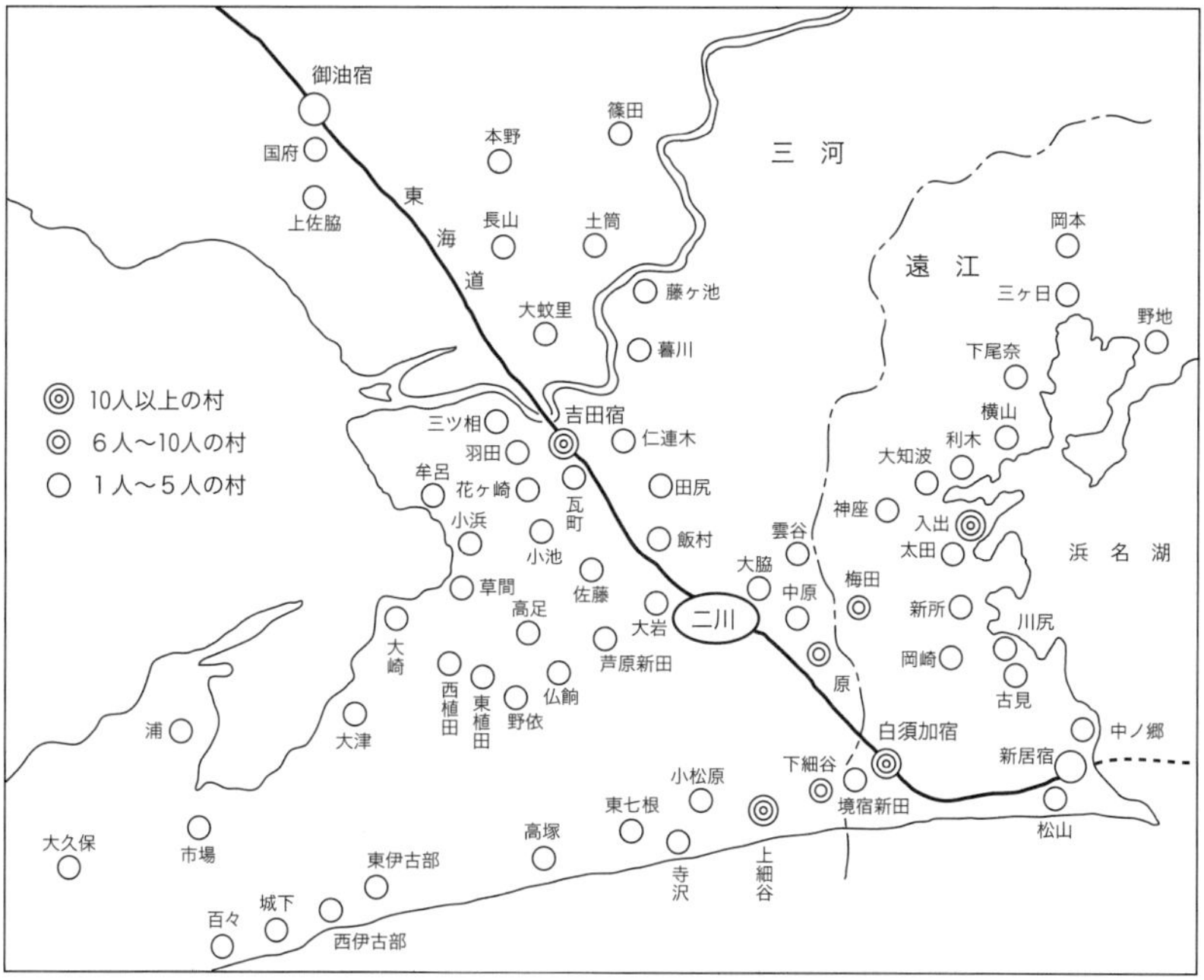

図１　二川宿の通婚圏（近隣部分）

が一三八人（六一％）と最も多く、遠江国の六二人（二七％）がこれに続き、この両地域で九割近くを占める。しかし、遠江国のなかでもその範囲は浜名湖の西岸及び北岸に限られ、新居・気賀両関所の東側には及んでいない。

町村別では、二川南方の渥美郡上細谷村の二〇人が最も多く、続いて吉田宿の一六人、遠州白須賀宿の一二人、同入出村の一一人、渥美郡原村・下細谷村の八人、遠州梅田村の七人と近隣の宿村が上位を占めている.

また、遠方では岡崎・池鯉鮒・熱田・四日市など東海道の宿場のほか、名古屋、伊勢国度会郡、信州埴科郡などの例もある。

二川宿の人々の職業

二川・大岩の人々の職業を幕末慶応三年（一八六七）の史料からまとめたものが表2である。本陣や旅籠屋のほかにも、商人宿・茶屋など街道を行く旅人を相手とした商売があり、米屋・醤油屋・味噌屋・豆腐屋・魚屋など、旅人を相手とする旅籠屋などに食材を提供するとともに、宿場の人々の生活に密着した商売も多く、商業関係では質屋が七軒あり、その他、髪結・大工・左官・瓦屋・畳屋・紺屋などの職人がおり、農村とは異なった多様な職業があったことがわかる。しかし、大部分は農業との兼業で、しかも宿場以外の人々を相手に手広く商売を行うのではなく、宿場内の人々を相手とする小規模な商いであった。

表2　二川宿の人々の職業

	二川	大岩
本陣	1	−
脇本陣	1	−
旅籠屋	25	−
商人宿	−	1
茶屋	2	2
飴茶屋	−	3
飴菓子店	6	−
米屋	5	−
穀屋	−	3
醤油屋	1	−
味噌屋	2	−
豆腐屋	−	1
魚屋	2	−
質屋	5	2
酒小売店	2	−
居酒屋	3	3
荒物店	2	−
小売物店	4	−
湯屋	2	1
髪結床	2	1
家大工	2	3
左官	2	−
瓦屋	−	1
畳屋	−	1
鍵屋	1	−
紺屋	−	1
薬種店	−	1
草履草鞋店	−	1
水車稼	1	2
計	71	27

奉公人

江戸時代には、他の村や宿場の商家・旅籠屋などへ働きに出る奉公人が多く存在した。二川より他の町や村への奉公人については、安永九年（一七八〇）、寛政四（一七九二）、五、九年の史料が残っている。主な行き先は、同じ宿内の大岩町をはじめ、白須賀宿・吉田宿・赤坂宿・岡崎宿や高足村・上細谷村など近隣の宿場や村々であり、屋号が記してあることから多くが商家や旅籠屋への奉公と考えられるが、遠く江戸まで奉公に出ている者もあり、江戸への奉公人のなかには吉田藩主松平伊豆守の屋敷へ奉公している者もいる。

一方、他村より二川宿への奉公人についての詳細は不明であるが、後述する飯盛女《めしもりおんな》については断片的にその人数を知ることができ、江戸時代後期には三〇人から五〇人ほどの飯盛女がいたことが知られ、他の商家・旅籠屋などの奉公人を含めると、記録に残る二川宿の人口のほかに数十人の奉公人がいたことが推定される。

二　伝馬継立

慶長六年（一六〇一）、東海道に宿場が設置された時、宿場で常時用意すべき御定人馬《おさだめじんば》は三六人・三六疋であった。しかし、寛永一二年（一六三五）に制度化された参勤交代などによる交通量の増大に対応するため、同一五年頃各宿場で常備する人馬は一〇〇人・一〇〇疋に増加された。

宿場でこうした人馬を出す基準は、当初は街道に面した屋敷の間口を基準にしたといわれ、間口六間で馬一疋、その半分なら人足一人などとなっていたという。しかし、宿場の疲弊に伴う間口の細分化により、後には宿場の人々の田畑などの石高により高何石なら馬一疋、人足一人と変化したといわれる。二川宿がどのような基準で人馬を出していたかの詳細は不明であるが、伝馬役と呼ばれる馬を出す役、歩行役《かち》という人足を出す役、平役という臨時の人足役があったことが判明している。

この伝馬継立に従事する人や馬は、原則的には隣の宿場まで荷物を運んだ。二川宿の人や馬の場合荷物を東は白須賀宿まで、西は吉田宿まで運べばよかった。したがって、江戸から京まで荷物を送る場合には、品川宿から大津宿まで五三の宿場で荷物を付け替えることになり、このことから「東海道五十三次」の名称も生まれた。東海道の宿場間の距離は平均約一〇㎞ほどであったので、一日一〇里（約四〇㎞）は旅をしたという当時の大名行列や旅人にとっては、宿場ごとに荷物を付け替えることは荷崩れや時間のむだとなったが、宿場を飛ばして荷物を継ぎ送ること（これを「通し馬」などと言った）は、宿場の人馬の利益とならないため、朝鮮通信使など臨時の大通行を除いて原則的に禁止されていた。しかし、江戸時代後期になると参勤交代の大名行列などでは、商人に国元から江戸までの運送を請け負わせ、通し日雇いと呼ばれる人足が使用されるようになり、これも例外的に認められていた。

問屋場の図　狂歌入り東海道　石薬師　歌川広重画
（豊橋市美術博物館蔵）

◉——伝馬継立と問屋場

宿場において伝馬継立の業務を行う所が問屋場《といやば》で、主に公用旅行者の人馬の継立や旅行者の宿の手配、幕府の書状・荷物などを継ぎ送る継飛脚の手配等を行っていた。この他公用以外の人馬や商人荷物の輸送も行い、地域によっては、問屋会所・人馬会所・馬借会所・役会所などとも呼ばれていた。東海道では一か所または二か所の問屋場を持つ宿場が多かったが、なかには三か所以上の所もあった。

二川宿には江戸中期の一時期を除いて二川・大岩に各一か所計二か所あり、二川中町の問屋場を東問屋場（会所とも呼んだ）、大岩中町の問屋場を西問屋場と呼び、この東西問屋場が二日ずつ交代で業務を行っていた。問屋場の事務を行う帳場は、歌川広重画く浮世絵に画かれたように腰高に作られ旅人の持参する伝馬手形を確認し人馬の手配を行っていた。また、建物内には荷物の重量を量る秤が備え付けられ、馬を準備しておく厩なども造られていた。

宿役人

問屋場の役人には、宿駅業務の最高責任者である問屋《といや》とその補佐役である年寄がおり、さらにその下に書記役である帳付《ちょうづけ》、馬や人足を割り当てる馬指《うまさし》・人足指などがいた。これらの役人は宿場によって一定ではなく、肝煎《きもいり》・年寄見習・飛脚番・小使などさまざまな役職や名称があった。

二川宿問屋場の役人は、「東海道宿村大概帳」によると問屋四人・年寄五人・帳付四人・馬指四人がおり、平常時には問屋・年寄各一人、帳付・馬指各二人が勤務し、身分の高い人や人数の多い大行列の場合には役人全員が出勤しこれにあたった。

二川宿では、江戸時代初期には問屋役は世襲で勤めていたようで、二川では開宿以来の有力者である後藤五左衛門家が中町北側において本陣とともに問屋場も開設し勤めていた。しかし、江戸時代中期以降は宿民の互選で選ばれるようになり、武右衛門・権左衛門・善蔵・彦十郎などさまざまな人の名が見えるようになる。また、問屋場も単独の施設として別に置かれるようになった。一方、大岩については後藤七郎兵衛の名が多く見られるものの、その前後に彦兵衛・清兵衛などの名が見られ、世襲した時期もあったようであるが、比較的早くから互選による選出が行われていたと考えられ、後期には伝十郎・八郎兵衛・吉十郎などの名が見える。

二川・大岩町は宿場の業務以外に年貢を納める村でもあったので、問屋以下の宿役人のほかに、村方三役と呼ばれる名主（庄屋）・組頭・百姓代といった役職もあった。二川宿の場合、問屋と名主を兼ねることはなかったが、組頭と年寄は兼役している場合が多かった。

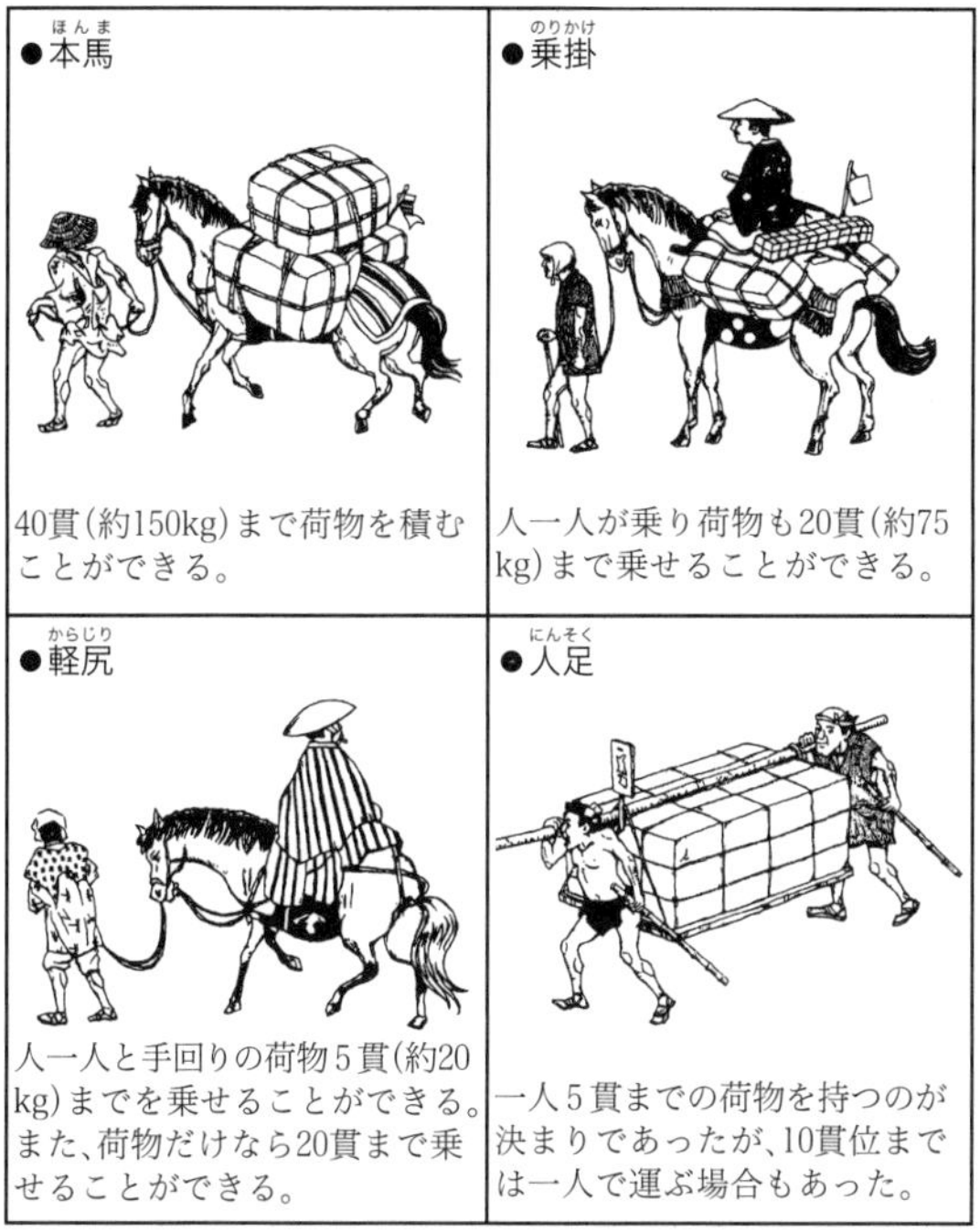
●本馬《ほんま》
40貫(約150kg)まで荷物を積むことができる。
●乗掛《のりかけ》
人一人が乗り荷物も20貫(約75kg)まで乗せることができる。
●軽尻《からじり》
人一人と手回りの荷物5貫(約20kg)までを乗せることができる。また、荷物だけなら20貫まで乗せることができる。
●人足《にんそく》
一人5貫までの荷物を持つのが決まりであったが、10貫位までは一人で運ぶ場合もあった。

図2　人や荷物の運び方

荷物の運び方と賃銭

伝馬継立により問屋場の人馬を使用する場合、使用する馬や人足の数を記した伝馬手形を持参したが、将軍が人馬の使用を許可した御朱印や老中・京都所司代などの発行した御証文を持つ者は無料であり、その他の公用旅行者には「御定賃銭《おさだめちんせん》」と呼ばれる一般より安い価格を幕府が定めた公定賃銭があった。また、規定の人馬数を超えた場合には双方で値を決める「相対《あいたい》賃銭《ちんせん》」となった。相対賃銭は御定賃銭の二倍ほどで、参勤交代の行列で規定数の御定賃銭の人馬を超えた場合や、一般の旅人がこの料金で人馬を雇った。

また、運送方法や重量によっても人馬の賃銭は異なり、図2のように馬の場合は本馬《ほんま》・乗掛《のりかけ》・軽尻《からじり》に分けられていた。このうち本馬と乗掛はともに重量が四〇貫目までであったので、運賃は同じであった。人足は五貫目までの荷物を運ぶ規定であったが、超過分は割増料金が必要であった。

人馬賃銭の割増

「御定賃銭」は、慶長七年（一六〇二）に馬一駄の賃銭が決められ、その後、本馬・軽尻・人足など運び方に応じた賃銭が決定され、以後一七世紀を通じて宿場の疲弊や天災・流行病・米大豆の値上がり・銭相場の下落などの理由で、期間を限定した割増が行われ宿場や伝馬人の助成としていた。

正徳元年（一七一一）、幕府は五街道宿々の人馬賃銭をいっせいに改訂した。この人馬賃銭はその後幕府が人馬賃銭の割増を行う際の基準となり「元賃銭」とよばれるようになる。この元賃銭に対して何年間・何割増という方法で割増が行われた。

二川宿における人馬賃銭の割増は元賃銭設定後しばらくなかったが、一八世紀後半の安永から天明期に天災・流行病・米価高値などによる宿々困窮を理由として五割増・四割増・二割増が年限を定めた臨時措置として行

表３　二川宿の御定賃銭　（単位：文）

割増率	吉田宿までの賃銭			白須賀宿までの賃銭		
	本馬	軽尻	人足	本馬	軽尻	人足
元賃銭	73	47	36	67	45	33
5割増	114	71	54	105	68	50
10割増	150	94	72	138	90	66
6倍5割増	567	364	278	520	349	255

われた。そして文化五年（一八〇八）以降は五割増となり、文久二年（一八六二）まで一時的な割増を除いて継続された。さらに、文久二年以後は開国に伴う物価の高騰、幕末動乱による交通量の増大などにより人馬賃銭は八割増、一〇割増、一五割増と上昇を続け、慶応三年（一八六七）には六倍五割増と跳ね上がり、その終焉を迎える。

これらの人馬賃銭割増は宿場ひいては人馬を出す伝馬人の助成のために行われたのであるが、文化五年以降恒常的に行われた五割増は、三割を支配代官所へ納め、一割を実際に人や馬を出す宿場や助郷の者へ渡し、残り一割を宿場の助成金とした。このうち支配代官所へ納めた三割増分は、初期には二川宿が代官所や周辺町村から借りた借金の返済などに充てられたが、文政七年（一八二四）以降はすべて宿場へ下げ渡された。

この下げ渡された三割と以前より宿場助成とされていた一割を合計した四割分の割増銭の合計は、最低で文政四年の一五三両余、最高は嘉永二年（一八四九）の二三四両余で、宿場総収入の二〇から二五％に相当し、大きな収入源となっていた。

◉──助郷

宿場では日々常備すべき人馬数が定められていた。しかし、参勤交代の大名行列が重なった場合など交通量が多く、御定人馬で不足する場合には近隣の村々から人馬を出役させた。この出役を助郷と呼び、人馬を提供する村も助郷または助郷村と呼ばれた。

助郷は江戸時代初期より行われていたが、幕府によりその内容は整備され、助郷を出す村が指定された。さらに、助郷のうち宿場で不足する馬を常時補う村を定助郷《じょうすけごう》、大通行の際などに臨時に出役する村を大助郷《だいすけごう》と呼ぶようになった。

幕府は元禄七年（一六九四）と享保一〇年（一七二五）に東海道の宿場に「助郷帳」を下付し、助郷を出す村や助郷高の指定を行い、助郷制度の一層の整備を図った。

元禄七年、二川宿に下された「助郷帳」では、定助郷として渥美郡高足村はじめ一二か村、大助郷として同郡寺沢村はじめ一六か村、合計二八か村が指定された。

さらに、享保一〇年に幕府が行った助郷再編では、定助郷・大助郷の区別がなくなり、すべての助郷村が常時宿場で不足する人馬を負担することになった。この時指定された村は渥美郡牟呂村はじめ二五か村であった。この享保一〇年に指定された助郷村は、代わりの助郷指定による休役や免除のない限り、この後幕末までの一四〇年余の長きにわたって助郷役を勤めた。

宿場の問屋場では、公用で通行する人々の先触れが届くのでそれを集計し、宿場の御定人馬では不足する場合に、助郷へ人馬触れを出す。江戸中期頃の二川宿より牛川村はじめ四か村へ出された人足触れは、牛川村へは触れの着いたその夜一〇時頃までに人足三四人を、他の三か村には明朝六時頃までにそれぞれ人足を二川宿へ出すように触れている。

二川宿では、延享元年（一七四四）渥美郡大津村困窮のため同村の助郷役半役を負担する村として、八名郡《やなぐん》加茂村《かもむら》が代助郷に指定され他の村と同様幕末まで勤めた。

この後、二川宿の助郷は追加の村の指定はなく天保年間に至るが、飢饉や火災・流行病などに加え、田植えや稲刈り等の農繁期に参勤交代による大名行列の人馬の出役が多くなるなど宿場・助郷ともに人馬負担による困窮が進んでいた。このため宿場と助郷の間では、人馬継立をめぐって幾度も争いが起きており、宿場側では助郷が触れ宛どおりに人馬を出さないと訴え、助郷側では宿場が人馬を必要以上に触れ宛てるなどと訴えていた。こうした争いはそのたびごとに仲介者が入り和解したが、宿場や助郷の負担が根本的に減少することはなかった。

しかし、天保期になると宿場と助郷が一体となり、まだ助郷に指定されていない村を名指し（指村《さしむら》という）して、助郷休役を願う代助郷や追加の助郷下付を願う増助郷、宿場で常備すべき人馬を負担する宿付助郷などの指定を幕府道中奉行所へ願い出るようになる。その結果、天保四年（一八三三）、同七年には増助郷が、天保一二年正月より嘉永三年（一八五〇）までの一〇年間は碧海郡安城村をはじめとする二八か村が宿付助郷に指定された（図3）。

この天保一二年に指定された宿付助郷は、二川宿で常備すべき人馬の内、人足四九人・馬五六疋を負担するという内容であったが、遠隔の地である宿付助郷の村からは実際に人馬を出すことはできないため、宿付助郷の負担分を人足一人四両、馬一疋八両で二川宿が請け負い、合計六四四両が一〇年間毎年二川宿へ納入されることとなった。この金額は二川宿にとって大きな収入となり、この間に宿場の借金返済などを行っている。

明治新政府は宿駅制度の改革を進め、慶応四年（一八六八）助郷の全国的な拡大・組み替えを行い、二川宿の助郷は三河国渥美、八名、碧海、幡豆、設楽の各郡のほか、遠く紀伊国伊都郡の村々合計二三六か村が指定されたが、混乱のなか明治五年（一八七二）助郷制度は廃止された。

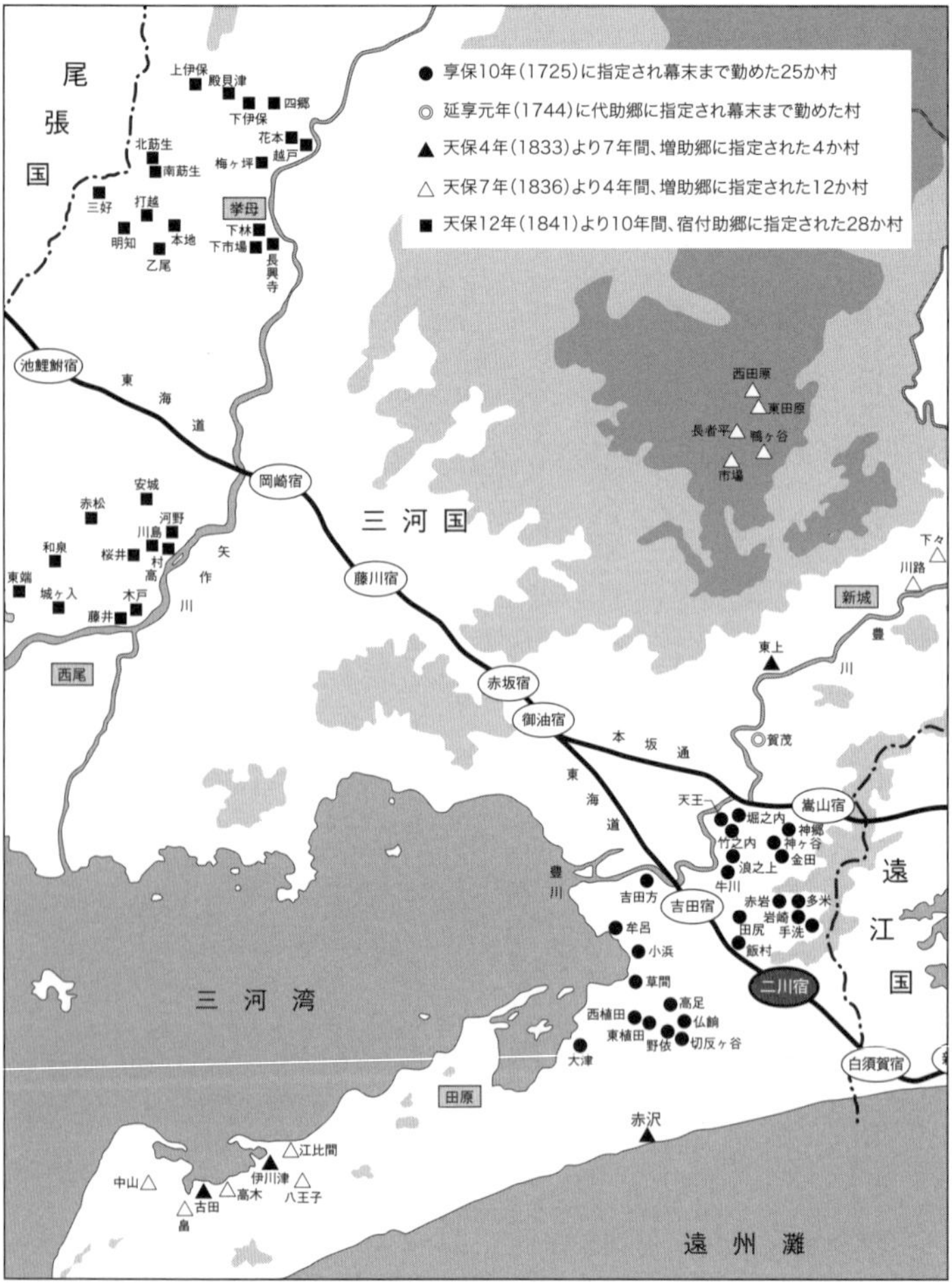

図３　享保10年（1725）指定の助郷と天保期指定の助郷

三　本陣

本陣とは戦のとき一軍の総大将のいる本営をさす言葉であるが、江戸時代には大名などの宿陣の意味から、将軍・幕府役人・公家・大名など身分の高い人々が旅する際に宿泊、休憩する大旅館をさすようになった。

江戸時代初期、宿場の富裕のもので家屋敷が広く、下男下女などを多く抱える家が諸大名の休泊を引き受け、大名宿と呼ばれるようになり、寛永一二年(一六三五)以降参勤交代の制度化により、道中を往来する諸大名の数が飛躍的に増加したため幕府より本陣と名乗ることを許されたという。

本陣は宿場の有力者が代々世襲で勤め、宿駅業務の最高責任者である問屋や村役人の名主などを兼ねている場合も多く、また名字帯刀を許されている者もあり、しだいに本陣職という格式が生じ、宿役人と同じように考えられるようになった。

「東海道宿村大概帳」によれば、東海道五十三次の宿場には合計一一一軒(一宿平均二・一軒)の本陣があり、宿場別では箱根・浜松が六軒と最も多く、ついで小田原の四軒、島田・新居・岡崎・坂下等の三軒が続き、峠や渡しなど旅の難所に多く置かれていた。本陣の建物は、一般の旅籠屋には許されていなかった表門・玄関・書院造の座敷などが備えられており、街道に面して広い間口を有し、広大な屋敷を持っていた。建物も二〇〇坪から三〇〇坪前後と大きかった。

◉——二川宿本陣の変遷

本陣の休泊料には決まりがなく心付け程度であり、原則として一般の旅人を泊めることはできなかったため、幕府からの少額の補助のほかは多くの収入を得ることができなかった。

これに対し、大名・公家など貴人の宿としての体面を保つため、家屋修繕等の維持費に多くの費用を要し、大地主で小作料収入がある場合や、問屋業・酒造業・材木業などの副業を持たぬ家は、時代を経るに従い困窮し、なかには本陣経営を他に譲る家も出てきた。とくに二川宿の場合は農業のほか主要な産業もなく、たび重なる火災なども加わって本陣の困窮は甚だしく、その経営は、後藤家・紅林《くればやし》家・馬場家と三度交代している。

本陣後藤家

二川宿最初の本陣は後藤家が勤めていた。後藤家はもと尾張織田家に仕えていたといい、二川が天正年間に本郷の地より元屋敷に移転する際に尽力したと伝えられる名家であった。代々五左衛門と名乗り、宿場の有力者として二川中町の北側に間口二三間半（約四一m）、五三五坪余（約一七七〇㎡）の敷地を有し、本陣とともに問屋場を開設し宿場の取締役である問屋も代々兼職していた。しかし、享保二〇年（一七三五）、宝暦三年（一七五三）の火災に類焼し、この頃より問屋役は他に譲り、しだいに困窮を深めていったようである。享保一三年の史料によれば二川の村高六五一石余の六分の一に当たる一〇九石余を有していたが、困窮のため寛保元年（一七四一）には田畑を売り払い、安永九年（一七八〇）の史料では九石余の石高に減少している。

後藤家最後の当主は新居宿本陣飯田家より養子となった武助であったが、寛政五年（一七九三）一月に発生した九一軒を焼失する火災に類焼し、同年一二月には当人も没してしまった。これにより後藤家は本陣を始めて八代目にして絶え、本陣職は紅林権左衛門に移った。

本陣紅林家

後藤家を継いだ紅林家も二川宿の有力者であった。本家に当たる紅林武右衛門家は甲斐国紅林村の出で、武田氏・今川氏に仕えた後、遠江国内山村に帰農し、さらに二川宿へ移ったと伝えられ、後藤五左衛門のあと問屋役や名主なども勤めていた。紅林権左衛門家は同家の分家で安永九年には四七石余の石高を有していた。

寛政五年当時の当主は五代目の紅林権左衛門善祐で、宿役人からの要請により同年暮れ、後藤家の名跡を継ぎ、東町の屋敷より後藤家の跡地へ移り所持の田畑を売り払って建物の建設を行い、本陣経営を始めた。この本陣経営には多額の費用を要したと見られ、文化三年（一八〇六）の史料では石高は六石余に減少している。

しかし、こうした努力にもかかわらず、文化三年一二月二七日に発生した火災に類焼し再起することができず、ついに本陣職を返上して宿役人に後任の選出を依頼し、この後は二川八幡神社の神職に専念した。この時、次の本陣職に推されたのが紅林家の縁戚であった馬場家であった。

◉──二川宿本陣馬場家

本陣馬場家

馬場家は、武田信玄の家臣であった馬場美濃守信房の末流を祖とすると伝えられ、代々彦十郎を名乗っていた。同家の系図によれば初代宗慶は元禄三年（一六九〇）に没しており、また、同家に残る寛文四年（一六六四）の家屋敷譲渡証文に「二川彦十郎」の名が見えることから宿場開設時か遅くとも一七世紀中頃には二川宿に居住していたものと考えられる。

馬場家の家業は、嘉永三年（一八五〇）の「本陣由緒書上帳下」に、「私儀先祖は勢州ヨリ当所へ引移り代々百姓ニ而渡世仕来候」とあることから、伊勢国より二川へ移住したのちは農業を家業にしていたことになる。しかし、他の史料からは元禄年間には酒造業を、寛保四年（一七四四）には米屋を営んでいたことがわかり、数多く残る借用証文からは、伊勢屋という屋号で米穀商や質屋などの金融業を営んでいたことが推測される。

同家はこれらの商いによりかなりの財をなしたようで、享保四年（一七一九）には檀那寺である二川の妙泉寺客殿建設に際し一〇両を、さらに宝暦九年（一七五九）には山門普請に際し七二両余を寄進している。田畑の石高についても享保一三年には二八石余であったものが、安永七年（一七七八）には八一石余と増加し、宿内有数の商家となっていた。

また、家屋敷の敷地についても、家業の隆盛とともに順次買い足していき、一七世紀後半には間口四間半余（約八m）の敷地であったが、貞享四年（一六八七）、正徳五年（一七一五）、享保九年と三回にわたり両隣の敷地を購入し、合計一二間四尺余（約二三m）の間口としたのである。

文化四年（一八〇七）、本陣職を引き受けたときの当主は七代宗經である。詳しい事歴は伝わっていないが、本陣開設の際の心労のためか文化七年二九歳の若さで病死している。本陣二代目である八代邦嶋は宗經の弟で、苦しい本陣経営の立て直しを図るとともに、文政一二年（一八二九）から安政三年（一八五六）まで問屋・年寄などの宿役人を歴任し、とくに天保年間には宿助郷の総代として増助郷願いに出府するなど宿駅業務においても活躍した人物であった。

本陣三代目である九代篤則は文政一二年渥美郡赤羽根村の生まれで、弘化四年（一八四七）馬場家の養子となり、安政三年邦嶋の没後本陣職を引き継ぐとともに、同五年には年寄、同六年には二川の名主を勤め、明治三年（一八七〇）の本陣廃止を迎えた。篤則は明治以降も二川村村長を勤めるほか、梅士と号して俳諧でも活躍した。

馬場家本陣の開設

本陣後藤家（紅林権左衛門）が本陣職を返上したため、二川宿には本陣が一軒もない状況になり、当然大名行列などの休泊もなくなり、供の休泊がなくなった旅籠屋にとっては大きな収入減となった。また焼失家屋再建のための拝借金を願い出ていた赤坂役所より、本陣・脇本陣・旅籠屋などへ類焼拝借金下げ渡しの知らせがあったため、宿役人・旅籠屋は、類焼をまぬがれ宿内有数の商家でありさらに紅林家の縁戚である馬場家に、本陣職相続を依頼した。しかし、馬場家では本陣経営の難しさを知り依頼を断ったのであるが、赤坂役所よりの、宿場には本陣が必要であるから本陣を勤める者の名前を差し出せとの命に、宿役人は馬場彦十郎の名を伝えた。

このため赤坂役所より馬場家に呼び出しがあり、本陣職を命ぜられたのであるが、彦十郎はいったん家へ戻り親類一同熟談した結果、後藤家の名跡を継ぐのではなく二川宿本陣馬場彦十郎を名乗ること、敷地についても焼失した後藤家の跡地へ移転せず、先祖伝来の現在地（二川中町南側）で本陣を開設することを条件に文化四年八月ついにこれを引き受けたのであった。

●本陣馬場家の建物

本陣開設前の馬場家は、間口一二間余の敷地に宝暦三年（一七五三）二川宿大火の後に建設された間口一〇間の主屋が建てられていたが、本陣建物の増築には手狭であるため、東隣の脇本陣松坂権右衛門の敷地五間七寸を譲り受け（松坂家は後藤本陣の跡地へ移転した）、間口一七間余（約三一m）・面積五二五坪半（約一七三五㎡）と敷地を拡張し、文化四年九月より表門・玄関・板の間・大名等が休泊する部屋である上段の間を有する書院棟など本陣に必要な建物建設を開始した。これら本陣建物増築地にあった隠居屋は売り払い、下屋・干鰯《ほしか》蔵・馬屋・灰部屋は敷地背後へ移築し、書院棟の背後を固める位置に配された。

本陣の建設は翌文化五年一一月に終了し、建坪一八一坪余（約六〇〇㎡）の本陣建物が完成した。完成した本陣は街道に面して表門・板の間・勝手口が一列に並ぶ基本型に分類される間取りであった。

本陣建設に要した費用は総額金四三八両二分余で、このうち一五〇両は幕府道中奉行所よりの類焼拝借金、二〇両は赤坂役所よりの拝借金であったが、残りの二六八両二分余は馬場家が借金などをして賄った。

この後、本陣建物は一〇数回にわたる増改築を行っているが、嘉永二年（一八四九）には大規模な改造がなされ、街道に面していた板の間・勝手口は一間半（約二・七m）後退し、本陣の間取りが基本型から広場型に変更された。板の間を街道より後退させる基本型から広場型への変更は、本陣前に空間を作り、街道の混雑を緩和し板の間への荷物搬入を容易にするために行われたと考えられ、広場型が基本型からの発展型であることを示唆している。

嘉永七年一一月四日に発生した大地震により二川宿は大きな被害を受け、本陣も玄関棟、土蔵が大きく傾き、表門が崩れるなど大きな被害を受けた。再建費用として幕府より一四二両二分の拝借金があり、この時の修復では玄関棟の式台が一間半後退するとともに、背後の座敷が整えられたほか、台所・湯殿《ゆどの》・手水所《ちょうずどころ》などが整備され、宿泊機能の充実が図られた。普請工事は安政三年（一八五六）六月まで行われ、総建坪は二三二坪余（約七六七㎡）となり、馬場家本陣としては最も整備された状態となった。図4は基本型であった天保後期頃の間取図で、街道に沿って東

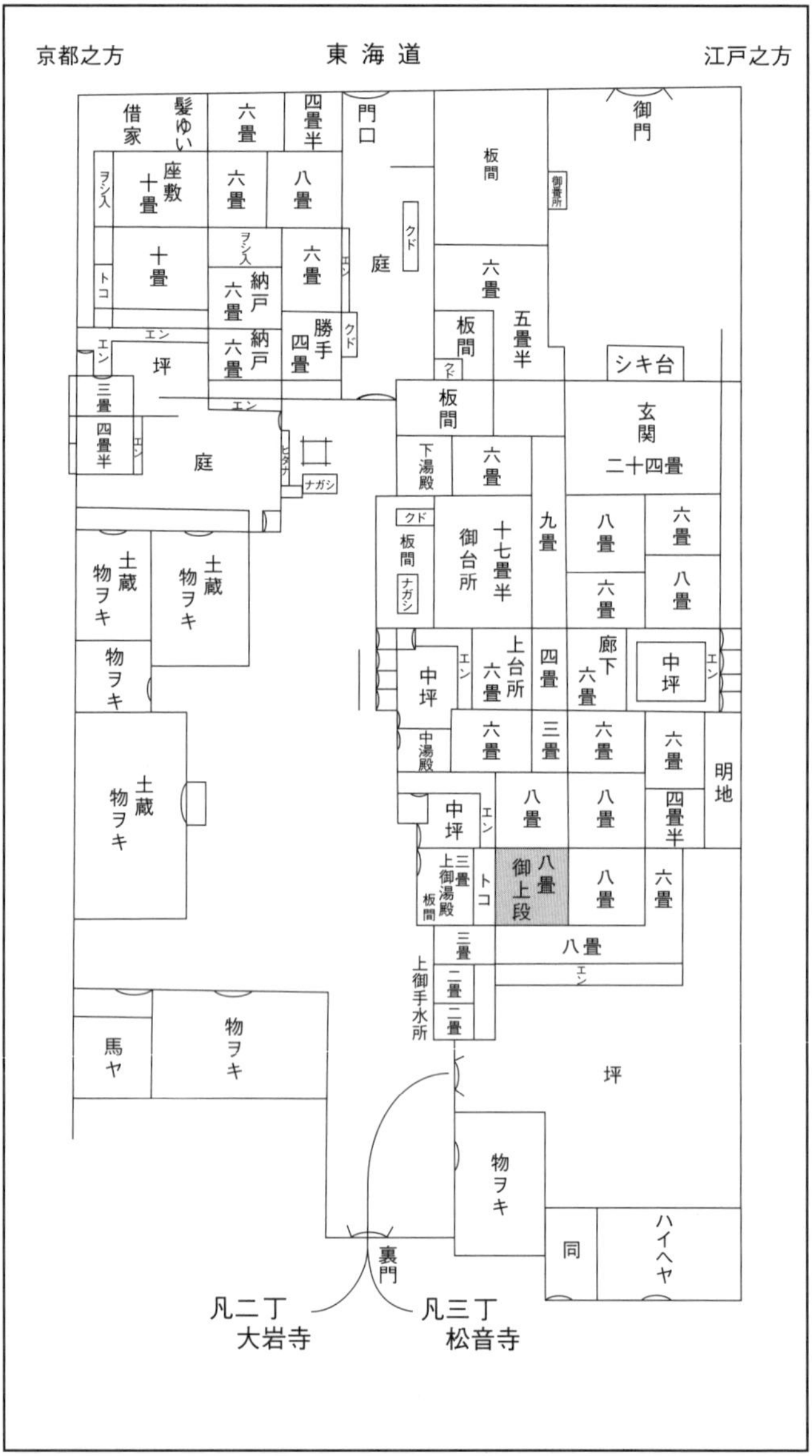

図4　天保後期（1840年頃）基本型の本陣間取図

（江戸方面）より表門（御門）・板の間・勝手口（門口）が一列に並んでいる様子がわかる。

図5は安政改築後の間取図で、板の間・勝手口が街道より一間半後退し、広場型となった間取りや、主屋勝手部分・板の間背後の座敷・玄関等が変更され宿泊機能の整備された状況を見るこ

とができる。両図とも裏門から非常時の避難場所である大岩寺・松音寺の名が記してある。

馬場家ではこの後、六四年間本陣職を勤め、明治三年（一八七〇）の本陣廃止を迎える。同家では本陣廃止に伴い明治六年頃より酒造業を再開し、さらに同四〇年代からは味噌・醤油の醸造

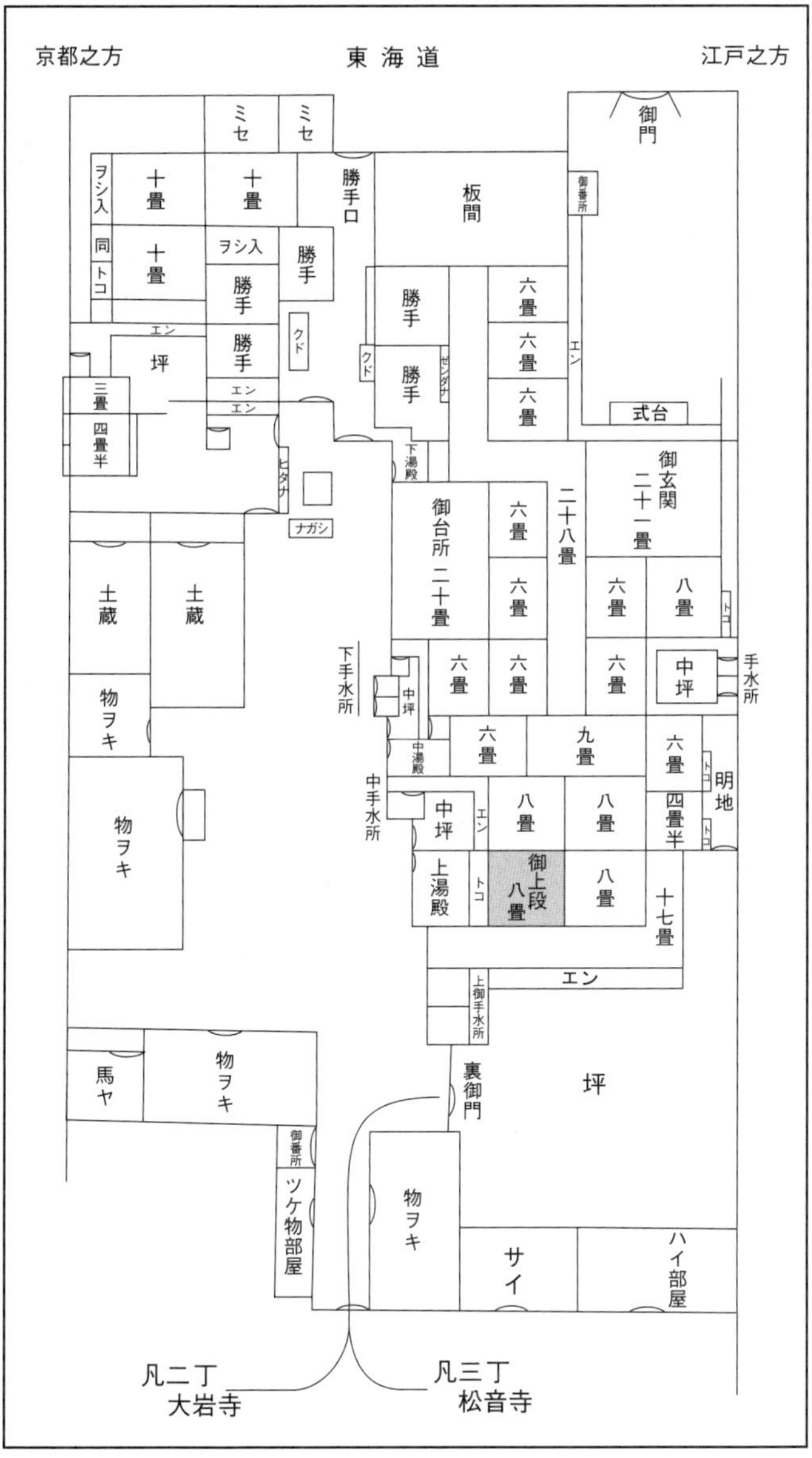

図5　安政後期（1860年頃）広場型の本陣間取図

業に切り換え昭和六〇年（一九八五）に建物を豊橋市へ寄付した。

大名等の建物利用

本陣の建物は、安政改築後の馬場家の間取図を見ても分かるように、部屋数三〇室以上、湯殿三か所、手水所（便所）が六か所もある宿場内でもひときわ大きな建物であった。大名等が休泊する場合には藩主をはじめ近習の者や料理人、行列本隊を差配する宿割役人、金銭を管理する勘定役、藩主の駕籠や荷物を担ぐ人足など三〇〜四〇人が休泊した。

大名は駕籠に乗って表門より邸内に入り玄関の式台に駕籠を着け、ここから建物奥の書院棟上段の間へ入った。上段の間は床の間などのある書院造となっており他の部屋より一段高く造られ壁や襖には山水や花鳥画が描かれていた。上段の間近くの座敷には近習の者や茶坊主などが入り街道に面した板の間は長持や挟箱などの荷物置き場となり、宿割役人や勘定役などは部屋を決めて行列の宿割や金銭の支払いなどを行った。しかし、こうした部屋は決まった場所があるわけではなく、各藩により使用する部屋は異なっていた。表門と裏門脇には番所があり、大名宿泊時には供の者が不寝番となった。大名の食事は供の料理人が作ったが、なかには本陣側で提供する場合もあった。また、大名のなかには専用の漆塗りの風呂桶を持参する者もいた。

本陣主人は門前や玄関前などで挨拶を許される場合もあるが、基本的には本陣建物は利用する大名の貸し切りとなり、特に挨拶を許される場合のほかは上段の間付近の部屋へは立ち入ることはできなかった。この他、勝手口の西側部分は馬場家家族が居住したり商売を行う所であったが本陣休泊者が多い場合にはここも使用し西座敷と呼んでいた。ほかにも建物内の各部屋には、「松の間」「朝顔の間」「牡丹の間」「萩の間」「桔梗の間」等の名前があったことが判明しているが、現在ではどの部屋の名前であるか分からない。

◉――本陣馬場家の利用

馬場家本陣の利用内容については、同家に残された「二川宿本陣宿帳」(愛知県指定有形民俗文化財、表紙カラー写真)によって詳細にその内容を知ることができる。

この宿帳は馬場家が本陣を始めた文化四年(一八〇七)から慶応二年(一八六六)まで六〇年間の利用者及びその付帯事項を記録したもので、縦一二cm、横三二cmの大福帳型の帳面三三冊よりなり、文政九年(一八二六)本陣二代目邦嶋の時作られた木製の箱に収められている。

三三冊の帳面は、「御休泊早見」一冊、「御通行日記」一冊、「御休泊記録」三一冊に分けられる。「御休泊早見」は年代順に日付と利用者の氏名・休泊の別が記されている。「御通行日記」は文政七年より安政六年(一八五九)までの三六年間に二川宿を通行した大名などが記載されている。「御休泊記録」は御宮公家・御寺院・御公儀衆・御三家・諸大名に分類され、諸大名はさらに〝いろは〟順に分けられている。

記載内容は、日付の後に姓名・官職などが大書され、その下に吉田・浜松または岡崎・白須賀というように前後の宿泊地が付され、その後に休泊の別、頂戴金の額、供の人数と食事代、献上品の有無などが記載されている。

大名などが宿泊した場合にはさらに詳しく、先触れの時期、関札役人や宿割役人の動向、川留めなどによる宿泊日の変更、関札や高張り提灯《ちょうちん》・幔幕《まんまく》の設置場所、座敷へ出した行灯《あんどん》・火鉢・屏風の数などが記されているほか、例年の利用とは異なる特記事項なども細かく書き込まれており、この宿帳が大名など休泊時の備忘録としての役目を果たしていたことがわかる。

利用数

宿帳に記載された六〇年間の利用総数は三六〇〇回近くとなり、年平均六〇回程度の利用があったことになる。本陣を始めた文化四年の利用は本陣建設中であったため三回のみであった。本陣馬場家を最初に利用したのは九月二八日に小休した岸和田藩主岡部美濃守長慎で、本陣建物は建設中であるため主屋の勝手座敷で小休し、金一〇〇疋（金一分）を支払っている。他の二件は門前にて挨拶し金子《きんす》を頂戴しただけで邸内には入っていない。

翌文化五年に本陣建物が完成してからは順次利用は増加しているが、「御通行記録」によると二川宿を通行する大名などが本陣を利用した数は平均三六％で、大部分が本陣を利用せずに通過していったことになる。

年代別利用のうち安政元年からの利用者減少は、同年一一月の大地震で本陣建物が大きな被害を受けたためで、文久二年（一八六二）からの大幅な増加は、幕末の政情混乱により江戸・京都間を往来する幕府役人・諸大名が大幅に増えたこと、とくに同年参勤交代制が緩和されたことによる大名妻子・隠居の国元への帰国、さらに文久三年と慶応元年の二度にわたる将軍家茂の上洛が大きな要因となっている。

利用者及び利用形態

　本陣の利用者を宿帳により分類すると、利用の最も多いのは諸大名の五二％であり、御三家の五％を加えると大名だけで半数以上の五七％となる。ついで将軍をはじめとする奉行・代官・城代などの御公儀衆が二四％、御宮公家が一五％、寺院の四％となる。

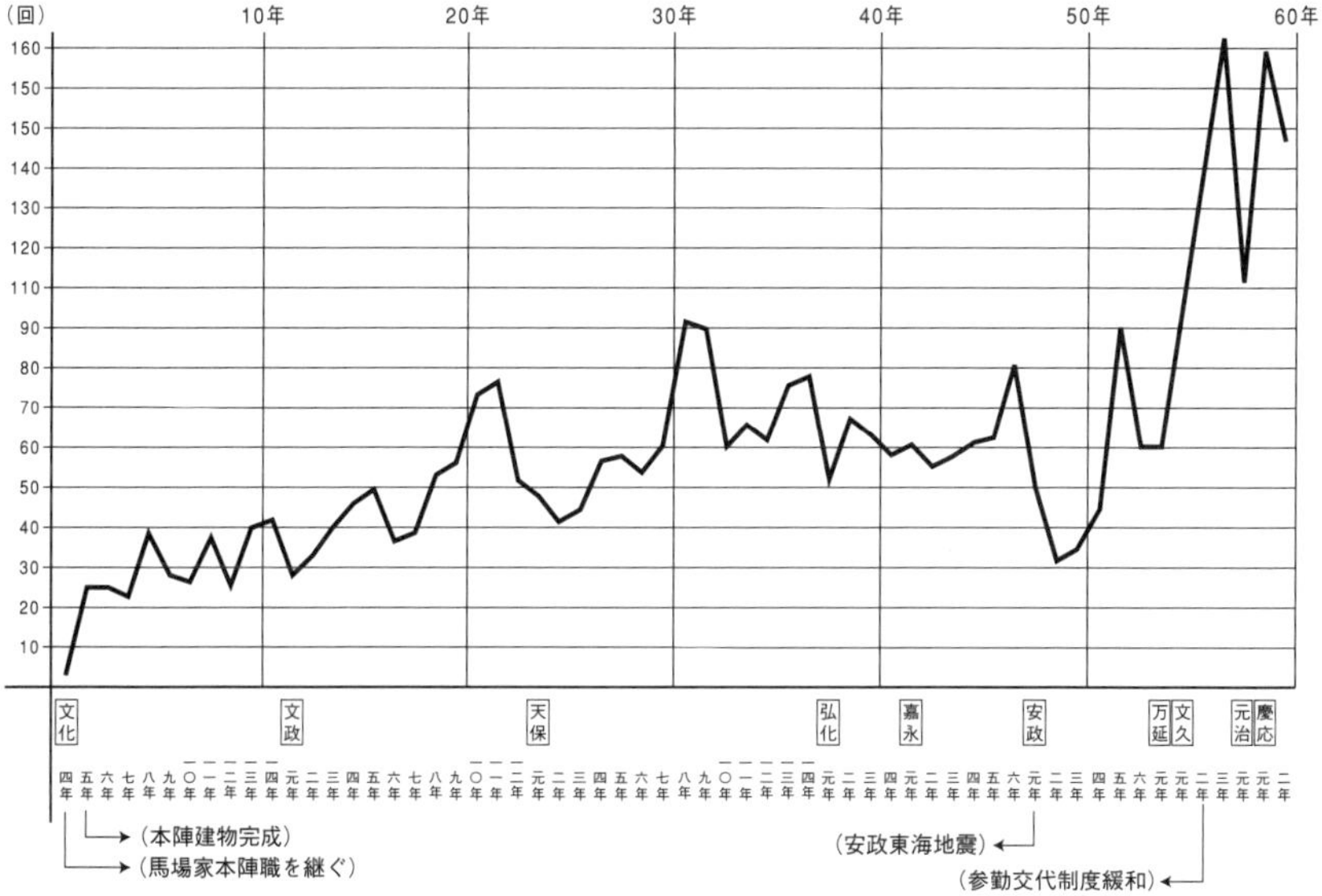

図6　本陣馬場家の年代別利用

表４　二川宿本陣の主な利用者

区分	順位	利用者	藩名	宿泊	小休	昼休	その他	合計
大名家	1	毛利家	萩藩	25	72	1	2	100
	2	島津家	鹿児島藩	25	30	4	12	71
	3	蜂須賀家	徳島藩	16	48	5	1	70
	4	黒田家	福岡藩	57	11			68
	5	松平(高松)家	高松藩	12	51	2		65
	6	藤堂家	津藩	2	55	4		61
	7	松平(越前)家	福井藩	6	40	14		60
	8	浅野家	広島藩	6	43	7		56
	9	山内家	高知藩	13	36	6		55
	10	池田家	岡山藩	7	43	1	1	52
	11	井伊家	彦根藩	11	37	1		49
	12	鍋島家	佐賀藩	10	19	1	19	49
	13	池田家	鳥取藩	6	36	6		48
	14	毛利家	徳山藩	6	27	10		43
	15	松平(久松)家	桑名藩	8	31	1	1	41
	16	細川家	熊本藩	16	17	3		36
	17	小笠原家	小倉藩	4	31		1	36
	18	有馬家	久留米藩	10	17	6		33
幕府関係	1	代官		49	39	54	7	149
	2	御茶壺道中		3	34	5	35	77
	3	勘定役		16	25	18		59
	4	目付		8	27	1		36
宮公家	1	勅使		1	146	3		150
	2	日光関係者		1	56	1		58
御三家	1	徳川家	名古屋藩	19	39	25	5	88
	2	徳川家	和歌山藩	19	48	5	3	75
寺院	1	滝山寺		62				62

大名の利用では、尾張・紀伊の徳川家や毛利・島津・蜂須賀・黒田などの参勤交代の通路となる西国大名の利用が目立つが、幕末には京へ上る東国の大名の利用も見られる。しかし、この利用数は藩主だけでなく、若殿・隠居などの親族、家老をはじめとする家臣、奥女中や御用荷物なども含まれており、尾張・紀伊藩の藩主宿泊はなく小休で利用したのみである。このうち福岡藩黒田家は大名のなかで最も多い五七回の宿泊をしており、しかもその多くが藩主の宿泊で、馬場家を定宿とした唯一の大藩であった。

このほか御公儀衆では二川宿を管轄していた中泉代官の利用が多く、寺院では岡崎滝山寺も定宿にしていた。

これらの利用者の大部分は小休と呼ばれる休憩で、全体の五八%を占めている。以下、宿泊利用者は二五%、昼休一三%で、残り四%は逗留・門前・案内・立場などである。

二川宿の場合、本陣の困窮拝借金願いなどに、「当所貧小宿、且者御道割も不宜ゆへ」と記載しているように、宿場の規模が小さく、下宿《したやど》と呼ばれる大名行列宿泊時に供の者が宿泊する宿が少ないうえに、宿泊する旅籠屋なども規模が小さく貧相で、さらに東には浜松宿、西には吉田宿・御油宿・赤坂宿などの宿泊適地があり、旅の行程上宿泊するよりも昼休・小休利用の多い宿場であった。本陣においても定宿として宿泊利用する大名はほとんどなく、多くは他宿本陣が重複（差合《さしあい》）した場合や川留めによる日程変更の利用が大部分であった。

馬場家が本陣経営中の大規模な通行としては、天保三年（一八三二）と同一三年の琉球使節の宿泊、文久三年の一四代将軍家茂の小休、慶応元年の同じく家茂の昼休、明治元年（一八六八）に二度、同二年に一度の計三回小休している明治天皇がある。

宿帳に見る本陣の利用

大名などが本陣に宿泊する場合、まず先触れを出して宿泊の予約をし、宿泊日の少し前になると関札役人が関札を置いていき、さらに宿割役人が本陣や下宿の検分を行うとともに、宿絵図や本陣絵図に行列の宿割を行い、さらに藩主以外の供の者の宿泊代や食事代を決め、宿泊当日となる。

宿帳には、先触れは早い場合には三年前というものもあるが、二、三か月前が多い。しかし、前述のように馬場家は、宿泊利用者は少なく、宿泊する場合でも川留めや他宿での本陣利用重複などの日程変更により、前日または当日に宿割役人などが立ち寄り宿泊を依頼される場合が多く、人数の多い行列の場合には食事や寝具の用意ができないとの理由で断っている事例もある。

関札役人は早い場合には一か月前、多くは一週間前から前日に着き、大名などの姓名や官職名を記した関札一、二枚を置いていく。これを宿場の者が、長さ六mほどもある青竹に付け、五日から三日ほど前に宿場の東西または本陣門前に立てる。しかし、二枚の関札を東西に立てる位置は大名によって、また同じ大名でも利用毎にその位置は異なっている。二川宿の場合東西とも宿場入り口に立てる例はなく、供の人数が多く下宿が多くいる場合には宿場入口近くに、少ない場合は本陣近く立てたので、関札を立てる位置は下宿の数によって規定されていたようである。

二、三日前から前日には宿割役人が着き、行列の宿割を行い宿泊日を迎えるわけであるが、本陣に宿泊する人数は大名とその家臣を含めて三〇から四〇人前後で、行列のその他の者は、下宿・日雇宿と呼ばれる他の旅籠屋・茶屋・商家・農家などに分宿し、家老など重役の者は本陣近くの旅籠屋を下宿とした。天保三年に琉球使節が宿泊した時には、本陣に五五人が入り、下宿六四件、日雇宿一〇二軒で行列の総人数二六五〇人余と記されている。

馬場家の家族は本陣経営時には六人から七人で、奉公の下男下女が当初は六人であったが、経費節約のため後期には三人となっている。これだけの人数では大名宿泊時には人手が足りないため、宿内より座敷働きの者、下働きの者、遠見の者、下宿への案内の者などが手伝いに来ている。

本陣では宿泊者や宿割役人・関札役人の送迎、宿泊重複の際の問い合わせなどで、吉田・白須賀の隣宿をはじめさらに遠方の宿場まで手代を遣わしており、簡単な小休でもその日時や内容が決定するまでには、多くの時間と経費を費やしている。

●――本陣馬場家の経営

馬場家には本陣開設の文化四年（一八〇七）から嘉永六年（一八五三）まで、四七年間の収支を記した「年凌留《としのしぎどめ》」という史料が残されており、これにより同家の経営状況を知ることができる。

本陣開設三年目の文化六年の収支を見ると、まず収入では、本陣利用の収益が一四両余、幕府よりの本陣助成金が七両余、両者をあわせた本陣収入は二一両余で収入総額一〇二両余の二〇％である。しかし当時馬場家では、本陣を引き受ける前からの商売である貸金や質屋などの金融業を行っており、質利息が四〇両余、貸金利息が四両余、質流れ品の売却代が二五両余となっており、これらの収入が六九％を占めていた。

一方、同年の支出は日々の生活費や本陣以外の運営費をまとめた諸入用が最も多く五一両余で、その他に本陣入用及び手代給分・田畑入用及び下男下女給分・役馬一疋馬方給・借入金利息があり合計九四両余となっており、金融業を柱に本陣経営及び田畑経営を行っていたことがわかる。役馬一疋分の馬方給を支払っていることから、本陣であっても伝馬役を勤めていたことも判明する。

しかし、この収支の他に本陣建物建設のために行った多額の借入金を抱えており、この借入金及びその利子返済のために新たな借り入れを行う状況にあった。もっともこの時期にはまだ貸金や質貸金が合計二三一両余あった。

この後、文化・文政と時代が進むとともに、本陣利用収入は二〇両前後で安定するものの、幕府よりの助成金は減少し、貸出金及び質入れによる収入も、貸出の元金を借入金の返済に充てることとなり、漸次減少し、文政年間には金融業による収入は一〇両に満たなくなり、天保年間には貸金高も一〇両以下となり 天保六年(一八三五)には質屋としての収入はなくなり質入れの業務を停止している。

このような状態のなか、馬場家では倹約に努めるほか、各地の民間金融である頼母子講《たのもしこう》への出金、仕立物・扇子・団扇などの製作販売、土蔵を村の年貢米倉庫(郷蔵)として貸し出し、屋敷の一部(街道に面した西側部分、図4参照)を髪結いに賃貸するなど、収入増に努めている。

しかし、多額な借入金返済の根本的な解決とはならず、文政二年(一八一九)暮れには、所持の田畑四一石余の内、二三石余を入札に付し、九一両二分を得ている。このうち半分近くは借金返済に充てたが、残りは貸金の元金に繰り入れた。

さらに、天保九年にも残りの田畑一七石余の内、立地条件の良い六石余を入札にかけ、一〇八両三分余で売却した。このうち六七両二分は一二か所の借金返済に充て、残金を貸金の元金に組み込んだ。そして弘化三年（一八四六）には質屋の業務を再開し、金融業での収入増を図った。

この結果、嘉永六年には貸金・質入れ利息・質流れ品販売代による金融業の収入は六四両余、本陣収入二二両余と各種の副業をあわせた総収入は一四七両余となり、収支は三四両余の黒字となるとともに、貸金や質貸金の合計も三五五両余と大幅に増加している。さらに幕末には交通量の増加による本陣収入の増加と相まって、馬場家の経営は安定を見せた。

◉——本陣と大岩町立場茶屋の争い

本陣を継承した馬場家では、近隣の田原藩三宅家へ挨拶に出向いたり、街道を上り下りする諸大名に書状を出すほか、自ら出向いて休泊を願い出るなどの営業活動を開始した。しかし、小規模な宿場であった二川宿では大名宿泊時に家臣や人足などが宿泊する下宿が根本的に不足していた。文化八年（一八一一）に尾張藩主が江戸へ下る際には、二川宿は小宿であり下宿の数も不足しているので、宿泊は引き受けられないが、下宿をほとんど必要としない小休ならば可能であると報告している。

さらに、参勤交代をする大名の側でも藩財政の窮乏により、格式ばって費用のかかる本陣よりも、安価な茶屋に小休することが多くなっていた。加宿大岩町は宿場ではなく加宿ゆえに旅籠屋などを営業することはできなかったが、町並み西入口付近は旅人が休息する立場となっており、数軒の茶屋が営業していた。これらの茶屋のなかには本陣以外では休泊してはならないという幕府禁令を無視して大名の小休を引き受ける者も出てきたのである。これは元来利用の少なかった本陣馬場家にとっては大きな脅威であった。

文政八年（一八二五）には、本陣馬場家を定宿としていた福岡藩黒田家の宿泊に際し、下宿に割り振られていた大岩茶屋町の中屋仙右衛門が、当日になって丸亀藩京極家より小休を依頼されたので下宿を受けられないと申し出たため、二川、大岩の宿役人にも依頼してかけ合ったが結局下宿を免除するという事件が起こった。この事件は馬場家が支配代官所へ訴え和解することとなったが、伝馬継立を二川と同様に負担し、下宿も引き受けながら、旅籠屋の営業を認められない大岩町の茶屋にも、旅人の宿泊・休憩による利益を得たいとの願いがあったのである。

大名の大岩町茶屋利用はこれ以降も続き、天保一三年（一八四二）幕府役人からの茶屋にて小休する大名等及び茶屋の名前を書き出せとの指令に、馬場家では、大岩町の立場茶屋柏屋次郎八へ大部分の大名などが小休し、本陣で小休するのは、わずかに宮家・門主・勅使や御茶壺、二条・大坂城番頭の預り鉄砲、八朔献上御馬と、大名では尾張・紀伊・高松・福井・津山・明石・鹿児島・福岡・広島・萩・鳥取・岡山・彦根・津・徳島・高知・久留米・小倉・対馬・桑名・徳山の各藩主だけであると報告している。江戸時代後期、参勤交代時に東海道を通行すべきとされた大名は一五〇家ほどあったので、馬場家を利用した大名は非常に少ない数であった。

馬場家ではこうした状況を打開するため、翌年には赤坂役所へ、大岩町の柏屋次郎八をはじめとする茶屋が大名の小休を引き受けないようにと訴え出た。この時の結果については明らかでないが、幕府の法令に従って茶屋での小休をやめるようにと命ぜられたのであろう。幕府より茶屋での小休禁止が出されると、大名なども一時的に本陣を利用したが、すぐに茶屋での小休にもどったようで、馬場家ではこの後も柏屋をはじめとする大岩町の茶屋での小休禁止を訴え出ており、嘉永五年（一八五二）の訴訟時には柏屋から詫び状を取っている。

こうした二川宿における大名の茶屋利用の実態を表したものとして当時の旅のガイドブックともいえる道中記がある。道中記には宿場間の距離、人馬賃銭、名所や名物を簡略に記したものが多いが、なかには宿場の本陣を記したものもあり、安政三年（一八五六）江戸で刊行された「諸国道中旅日記」には、二川宿の本陣として馬場彦十郎とともに柏屋次郎八の名前が記されている。もちろん柏屋は本陣ではないが、道中記の作者から見れば小休の大名が多く出入りする柏屋は本陣同様に見えたのであろう。

一方で本陣と茶屋の関係は敵対関係にあっただけでなく、宿泊施設の貧弱であった二川宿にとって貴重な存在でもあり、大名行列休泊の際には、下宿として家臣や人足などの休泊を依頼していたが、それだけではなく、大名自身を小休先として紹介していたのである。天保六年五月五日、岡山藩池田家が小休を依頼してきた時には、前夜松江藩が宿泊していたため、大岩町の茶屋中屋仙右衛門へいったん案内し、松江藩出立後改めて本陣で小休を受けている。また弘化四年（一八四七）三月二六日は、馬場家を定宿とする福岡藩黒田家が宿泊予定で、脇本陣もその下宿に指定してあった、そこへ明石藩が小休を依頼してきたため、馬場家では小休先として柏屋次郎八を紹介し案内したのである。この時は本陣より人を出し裃姿で案内するとともに、柏屋に詰めさせ、小休料五〇疋は柏屋が受け取ったものの、その受け取りは本陣で書いている。さらに万延元年（一八六〇）には大雨により吉田川（豊川）が氾濫し東海道の通行が途絶えたため、本陣には津藩主が逗留していた。そこへ山家藩主が到着したため、いったん宿内の松音寺へ案内した後、大岩町の茶屋万屋助左衛門を紹介した。山家藩主一行は通行が再開されるまで茶屋で四泊し、本陣へは紹介料として金一〇〇疋を支払った。

こうした本陣と茶屋の対立は利用する大名側にも原因があったわけであるが、本陣側からあえてそれを指摘することは当時の身分社会では容易ではなかった。しかし、文政一一年五月二四日姫路藩酒井家が京都御名代として上京した際には、酒井家は江戸出立時より大岩町の茶屋中屋仙右衛門方へ小休予定であったが、彦十郎自ら献上品を持って小休願に出る一方、幕府より茶屋での小休禁止触が出ているので、酒井家が強いて茶屋で小休するなら当方より道中奉行へ訴え出るとの、脅しともとれる願い出により、急遽馬場家での小休に変更となった。

●――さまざまな出来事

ここでは「二川宿本陣宿帳」から、参勤交代の大名などの本陣利用や東海道交通に関するさまざまな事例を紹介する。

宿泊料

大名が宿泊した場合の宿泊料は一両から三両くらいが多く、所領の多い大藩ほど高額であった。馬場家を定宿としていた福岡藩黒田家では毎回銀五枚（金三両二分余）を支払っている。彦根藩井伊家や細川家も同額である。藩主以外が宿泊し場合、奥方・姫君などは一両前後が多く、家臣の宿泊では、金一〇〇疋（金一分）から三〇〇疋の場合が多い。昼休では金一〇〇疋から二両余と宿泊と同じく藩により差がある。ここでも福岡藩黒田家は銀三枚（金二両余）と高額を支払っている。家臣や女中となると金五〇疋から二〇〇疋くらいを支払っている。小休料では福岡藩黒田家・彦根藩井伊家・細川家などは金二〇〇疋支払っているが、多くは金一〇〇疋であり、少ないところでも金五〇疋（金二朱）ほどを支払っている。

もちろんこれらの支払いは、藩主など利用する主人のみの料金で、前述のとおり供の者の宿泊代や食事代は宿割役人などが来た際に、事前に交渉し決定するのである。一般的には一泊二食で一五〇文から二〇〇文前後であったが、天保八年（一八三七）の凶作の時には米価高値につき四一二文となっており、さらに幕末になり物価が高騰すると四〇〇文から六〇〇文を超えている場合もある。

献上品

大名などの休泊があった場合に、本陣より利用者へ地域の特産品・農産物・海産物・御菓子などが本陣利用の礼として献上された。利用者はこれに対して、休泊料とは別に下賜金を出す必要があり、財政の窮乏した江戸時代後期には献上品を断ることが多くなった。宿帳でも献上品御断りの記載が多いが、馬場家で出された献上品を見ると串アサリ・サヨリ・青海苔・鰺《あじ》・鯛・鱸《すずき》・平目・小海老などの海産物、梨・柿・つるし柿・西瓜などの果物、柏餅・桜飴・あんころ餅、金平糖などの菓子や玉子・松茸など非常に多様な品物が献上されている。食材となるものが多いのは当時の大名行列の多くが料理人を連れて藩主などの食事を賄っていたためであろう。これらの多様な献上品は、利用者の身分や男女別などによっても使い分けている。

文化六年（一八〇九）に彦根藩は小休料として金二〇〇疋（金二分）、献上品大鰺の代金として同額を支払っている。文政一〇年（一八二七）に常陸下館藩石川家は宿泊料として金三〇〇疋、献上品ぼら二本の代金として金一〇〇疋を支払っている。この他、嘉永五年（一八五二）に宿泊した尾張藩奥女中は、献上品串アサリに対して、細工箱一つ・丸巾着一つ・ようじさし五つ・手遊び一つ・折紙二つ・小盆一つを代金の代わりとして置いていった。

大名の脇道通行

大名などにとって、天皇の代理として江戸などにおもむく勅使や将軍のお茶を運ぶ御茶壺道中など天皇や将軍の権威を振りかざす行列と街道で遭遇することは極力避けたかったようで、天保一三年江戸へ向かっていた西丸留守居柴田日向守は、九月一四日二川宿へ宿泊したが、翌日京へ向かう日光御宮と遭遇したため、二川宿内の松音寺へ控え、日光御宮が本陣での小休を終え出立した後、本陣・下宿へもどり食事をして出発した。文久二年（一八六二）江戸に向かっていた備中岡田藩伊藤家も帰京する勅使一行と出会い、御油宿より本坂道へ入り、当古の渡しを渡った後、田尻村の寺院で休憩し、勅使一行が小休を終えた後、二川宿へ入り本陣で宿泊している。

大名ではないが、天保一二年の事例では、二川宿を管轄していた中泉代官も勅使との遭遇を避け、吉田宿から裏道を通り二川宿へ着いている。

公家の小休料

公家が本陣を利用した場合には、利用料として絵画や短冊を置いていく者がおり、なかには支払わない者もいた。

文政三年（一八二〇）広橋大納言・山科大納言・日野中納言の三名が二川宿本陣で小休した時には、広橋・山科両名は青銅二〇疋（銭二〇〇文）をそれぞれ払ったが、日野中納言は何も払わずに旅立っていった。文政一〇年土御門陰陽頭をはじめとする公家などが小休した時には、土御門陰陽頭は青銅二〇疋を払ったが、押小路大外記は青銅一〇疋の他に短冊一枚を、粟津因幡守は支払わず、青木内蔵小允は墨絵二枚を置いていった。また、公家ではないが六条御殿西本願寺門主が天保九年に小休した時には、当初宿泊予定であったため用意をしていたものが小休に変更となり、さらに他宿では小休料として金二〇〇疋出しているのに二川宿では金一〇〇疋下されただけであったので、彦十郎は宿帳の最後に「誠ニつまらぬ御小休」と記している。

本陣利用者の重複（差合）

本陣利用は基本的には先に予約した者に優先権があった。本陣の利用が重複することを差合《さしあい》といい、予約の遅れた者は同じ宿場の他の本陣や脇本陣を利用した。さらにそこも先約がある場合には、前後の宿場の本陣利用となった。また、二川宿のように立場茶屋へ案内する場合もあった。天保一一年矢作橋見分を終えて帰陣しようとしていた中泉代官小笠原信助は、二川宿本陣で昼休しようとしたが、長州藩が小休していたため脇本陣で昼休をした。大名の側でも、本陣での差合を気遣い、文久二年小休した尾張藩は、直前まで馬場家で一橋慶喜が小休していることを知り、通行の速度をわざと落とし一橋家と差合わないようにした。

掛日

前述のような本陣利用の差合を避けるため、また大名は参勤交代の時期がほぼ決まっていたので、道中の本陣を定宿に指定し、何月何日から何日までと一〇日間ほどの日を掛日と称して宿泊予定日とした。本陣ではこの間に予約が入れば、定宿指定の藩を優先し、利用日が重複しなければ、他藩の利用を受けた。

馬場家では、天保四年、それ以前から宿泊していた福岡藩黒田家から定宿指定を受け、参府の年は一〇月一六日〜二五日まで、帰国の年は三月一一日〜二〇日までを掛日とされた。このほか馬場家では筑後柳川藩立花家の定宿指定を受けていたが、嘉永四年に小休した時の記述には、以前に定宿指定を受け四月二九日〜五月九日までを掛日とされたものの、いままで宿泊されたことは一度もなく小休利用ばかりである、二川宿には本陣が一軒しかなく、他藩の予約が入った際に支障を来すので、定宿及び掛日の指定を免除してほしいと願い出ている。

遺骸の通行

東海道を通行するのは生きた人間ばかりではなく、遺骸が通行することもあった。天保一一年高松藩主の養祖母の遺骸が通行した時には、本陣は修繕中であるとして脇本陣へ案内している。同一三年備中広瀬藩板倉家隠居の遺骸が通行した際には、宿内の松音寺へ案内している。馬場家では遺骸の利用は何かと理由をつけて断り、脇本陣や寺院へ案内している。

おかげ参りへの接待

おかげ参りとは、伊勢神宮への熱狂的な集団参詣のことで、宝永二年（一七〇五）、明和八年（一七七一）、文政一三年に大流行した。文政一三年七月四日昼休をした高槻藩永井家の項には、おかげ参りの旅人のために、宿場の人々が飾り立てた駕籠五〇挺を宿場の東西に用意し無料で提供し、本陣の板の間にも神宮のお札を飾り立てたことが記されている。

関札内は御城内も同然

関札は本陣門前や宿場の入り口に立て、宿場の本陣に誰が宿泊しているかを知らせる役目があるといわれるが、関札には藩主の姓名や官職名が記されているが故に、藩の権威の象徴としてもとらえられていた。そのため他家の関札が立っている宿場内には宿泊や小休ができないと申し立てる藩もあった。

文政五年（一八二二）一〇月一七日彦根藩の宿割役人が立ち寄り、翌日の小休となった。一八日は福岡藩の宿泊となっていたため福岡藩宿割役人に彦根藩の小休を報告したところ、朝のうちの小休であるとのことで了解を得た。しかし、一八日彦根藩の先番役人は、福岡藩の関札の立っているのを見て、福岡藩の関札の内側へ小休することは、福岡藩の城内に小休することと同じことであると申し立て、福岡藩の関札を下げるように要求した。本陣側でわびた結果、結局そのままとなったが、関札の内は御城内も同然といった考え方は関札が藩や藩主と同様と考えられていたことによる。

この一件では立てた関札を降ろすことはなかったが、文政一一年豊後岡藩の中川修理大夫の場合は、四月二一日に関札役人より関札二枚を受け取り、五月五日が宿泊日と決定した。翌六日は福岡藩黒田家の宿泊日となっていたが、五日来宿した岡藩宿割役人は、翌日宿泊予定の福岡藩の関札が立っているのを見て、岡藩では他家の関札内には宿泊できないと申し立てた。本陣側では一日だけの違いであり、他の大名でも並び立てていると訴えたが、岡藩では合宿（相宿、本陣が複数あり同じ宿内に同日に宿泊する場合）ならば関札の位置をずらし立てることも良いが、一日

文政一一年　福岡藩嫡子黒田長溥宿泊時の関札

違いでは宿泊することはできないとし、一宿先の吉田宿へ移ると言い出したため、福岡藩には明朝立てることの了承を得て、いったん降ろしたのであった。後段で黒田家と中川家は不和であるとの噂を記しているが、これも関札を藩や藩主同様と見なした例といえるだろう。

安政三年（一八五六）二月二八日、福岡藩の嫡子松平下野守長友が二川宿に宿泊した時には、供の仁平という者が、前藩主（黒田斉清）の関札を二枚譲ってほしいと馬場家へ申し出た。前藩主に仕え、道中上り下りの供をし、親子二代安隠に暮らすことができたため、前藩主の関札をもらい受け祀りたいとの理由であった。馬場家ではこの願いを聞き入れ関札二枚を渡した。仁平は関札代として強いて金一朱を置いていった。以上見てきたように関札はたんなる休泊などを示す表札ではなく、そこに大名などの姓名官職等が記されているため、藩や藩主を表すものとなり、さらに当人と同一視され祀られる対象ともなったのである。

福岡藩黒田家と馬場家

福岡藩黒田家は、馬場家を定宿とする唯一の大藩であった。定宿とする大名と本陣のあいだは懇意な関係になる場合があり、馬場家では黒田家に拝借金願をたびたび出している。しかし黒田家も財政難であり、取り上げられることはなかったが、天保五年には同藩の御用絵師尾形喜六が上段の間に山水などの絵を描き、あとでこれを知った馬場家では急いで礼状を出しており、翌年藩主宿泊の際にも藩主に先立って絵師が到着し、上段の間の残りの壁面に絵を描いていった。また、同一四年には前年の願い出により尾形喜六画の鶴図双幅を拝領している。この軸は長く馬場家に伝えられ、現在では豊橋市二川宿本陣資料館蔵となっている。

また、天保四年に嫡子長溥が宿泊した際には、長溥は馬場家の馬を庭まで出させ、江戸より持参した饅頭を二〇〇個ほど自ら食べさせたという。馬場家では見苦しいやせ馬であるため、御前へ出すことをためらったのであるが、ぜひにとのことで馬を出したところ、後で饅頭を二〇〇個も食べたことを聞かされ赤面したという。

橙の木

橙《だいだい》はその読みが代々と同じであることから、縁起の良いものとされていた。幕末の馬場家の庭にはこの橙が植えてありその実を切り取って持ち帰るものが多くいた。文久三年に小休した一四代将軍家茂をはじめ、一橋慶喜、越前松平家、対馬宗家、福岡藩黒田家、土佐山内家、蜂須賀家の藩主や姫君などが橙を三個から一〇個ほど切り取り代金として金一〇〇疋から二〇〇疋を支払っている。

四　旅籠屋と飯盛女

東海道をはじめとする宿場において、公用旅行の武士などのほか、一般旅人の宿泊する施設として旅籠屋が発達し隆盛をみるようになった。

江戸時代以前における一般的な宿泊施設としては、旅人が米・糒《ほしいい》などを携帯して旅行し、宿屋から薪を得てみずから飯を炊き、宿屋へは木銭(薪代)を支払う形式の木賃宿《きちんやど》(木銭宿)があった。しかし、江戸時代前期より、宿屋が朝夕の食事を出し、さらには菓子や酒・肴なども提供するいわゆる一泊二食付きの旅籠屋が東海道をはじめとする主要街道宿泊施設の主流となり、宿場の中央には旅籠屋が軒を連ね、木賃宿は宿はずれや町裏における零細庶民の安宿となった。

旅籠とは本来、馬の食料を入れる竹で編んだ籠を指したが、後には旅行に食糧を入れて持参する器や、宿屋の食事、宿料などの意味となり、これらが転じて食物を料理して提供する宿屋を旅籠屋と呼ぶようになったとされる。

また、旅籠屋は飯盛女《めしもりおんな》を置く飯盛旅籠屋と飯盛女を置かない平旅籠屋《ひらはたご》に分けられ、飯盛女の存在は旅籠屋しいては宿場の繁栄にもかかわる大きな存在となっていた。

二川宿の旅籠屋の料金に関する史料は残っていないが、江戸時代後期に東海道を旅した人の残した道中日記を見ると二〇〇文前後が多く、嘉永七年（一八五四）に江戸まで朱印改めの旅をした吉田宿近郊牟呂村の牟呂八幡宮神主森田氏の道中日記では、浜松宿で二〇〇文、府中宿で二三二文、蒲原宿で一七七文、保土ヶ谷宿で二四八文を支払っている。

食事の内容については一汁二菜が基本であったようで、他の史料ではご飯に汁物、焼き魚に煮物などが多かったようである。新居宿の旅籠屋では鰻の蒲焼きなども出たという。

食事とともに風呂に入ることも宿屋の楽しみであったが、一度沸かした湯を替えることは少なかったので、後から入った者はぬるいうえに汚れた湯となり、衛生的ではなかったようである。

また、当時の旅籠屋は強引な客引きをしたり、一人旅の者を宿泊させないなど不便な点もあった。さらに宿泊者が多い場合には見知らぬ客と相部屋になることもあり、文化七年（一八一〇）に刊行された旅のガイドブック「旅行用心集」には、相客の様子をうかがい酒乱・狂気の様子があればよく用心し、夜遅くまで酒盛りを行う客であれば代わるがわる寝ずの番をするようにと記している。さらに、旅籠屋の布団や畳にはノミやシラミが多く、このため一晩中寝ることのできぬ旅籠屋もあったという。

●――旅籠屋数の変遷

二川宿の旅籠屋数が判明する最も古い記録は、享保一四年（一七二九）の四〇軒で、この軒数が最古で最大である。旅籠屋数も人口・家数にほぼ比例して増減しており、天明五年（一七八五）には二〇軒と半減しているが、以後増加し、天保一四年（一八四三）には三八軒と享保期に近い軒数に回復している。この後緩やかな減少を示し三〇軒台で推移してゆくが、慶応年間に二〇軒台となり明治を迎えている。

「東海道宿村大概帳」にみる東海道の旅籠屋数は、多い宿では宮宿の二四八軒、桑名宿一二〇軒があり、少ない宿では亀山宿の二一軒、石薬師宿、庄野宿の一五軒などがあったが、平均は五六軒ほどであったから、二川宿の旅籠屋数三八軒はその六から七割程度となる。

本陣の項で見たように、二川宿は東西に大きな宿場があり、旅の行程の関係で宿泊する旅人が少なく、また江戸中期頃より盛んとなった伊勢・金比羅などの社寺参詣や物見遊山の旅も、当時の旅人の残した道中日記によれば、多くが二川宿東方の遠江国掛川宿あたりから北へ進路を変え、秋葉山・鳳来寺・豊川稲荷などを参詣して御油宿に出るルートを利用しており、旅籠屋の主たる利用者である一般の旅人は東海道の他の宿場よりも少なかったと考えられる。

●――旅籠屋の変遷

旅籠屋の屋号・名前が記載されている安永五年（一七七六）から慶応三年（一八六七）まで約九〇年間の史料を見ると、六八軒の旅籠屋の名を見ることができる。しかしその変遷は激しく、安永五年に営業していた二〇軒の旅籠屋は、六六年後の天保一三年（一八四二）には一一軒しか営業しておらず、この一一軒のうち幕末慶応三年までにさらに三軒が営業をやめ、江戸後期の約九〇年間営業を続けたのは八軒のみであった。

また、安永五年には二〇軒の旅籠屋があったので、それ以降四八軒の旅籠屋が新たに営業を開始したことが分かるが、これらは旅籠屋名が記載された史料の残っている年のものであるので、実際にはこれ以外にも多くの旅籠屋が新規開業し、それと同程度の旅籠屋が廃業していったものと思われる。

二川宿の旅籠屋開業に関する具体的史料は残っていないが、天保一四年東海道調査の幕府役人からの「宿場によっては旅籠屋・問屋・本陣・脇本陣などの職に株式を設定している場合があるが、二川宿においてはどうか」との問いに対して、二川宿では旅籠屋の株はなく、宿役人へ申し出、旅籠屋仲間へ披露のうえ商売を始めることができると回答している。二川宿に残る各種文書のなかには旅籠屋惣代という名称が見られるので、旅籠屋組合の存在が想定できるが、この史料によれば旅籠屋を新たに開業することは比較的容易だったようであり、これが安永五年以降四八軒と多くの旅籠屋が新規開業できた要因であろう。

●――脇本陣

脇本陣は一般的に本陣の設置以後、江戸中期以降に多く設置されたといわれ、本陣での大名などの休泊が重複した際に利用されるとともに、本陣は大名が利用し脇本陣には家老などが休泊するといった副本陣的な役割を担わされた。構造的には、本陣が門・玄関ともに備えているのに対し、そのどちらか一方を欠く例が多く、また、領主からの助成についても本陣とは大きな差があった。これは脇本陣が本陣の補助として比較的大規模な旅籠屋が必要に応じて指定されたためであるという。二川宿その他の宿においても、旅籠屋一同が飯盛女数の厳守、博徒の統制などで請印を提出する際にはそのなかに含まれている場合が多く、旅籠屋のなかでは大規模な部類に属するものの、本陣とは違い一般の旅人も宿泊させ旅籠屋と同様の営業を行っていた。後述するように二川宿の脇本陣松坂屋は飯盛女を抱えており、講の指定宿でもあった。

　二川宿の脇本陣についての最古の史料は、享保二〇年（一七三五）の大火の被害状況を報告した絵図面「東海道三州二川宿御伝馬役類焼之絵図」で、絵図の二川中町南側に「脇御本陣　庄屋弥惣左衛門」と記載されている。この当時二川宿の庄屋であった弥惣左衛門が脇本陣を勤めており、間口一〇間余・建坪二一七坪のかなり大きな屋敷を有していたが、このとき類焼した弥惣左衛門が脇本陣を継続したかどうかは不明である。次に脇本陣の名称が史料に現れてくるのは、天明三年（一七八三）「頂戴御金割賦帳」で、ここには本陣後藤五左衛門とともに、脇本陣伝左衛門の名が見える。伝左衛門は他の史料で中町の街道北側で壺屋と名乗っていることから、壺屋伝左衛門が開始時期は不明であるものの天明頃から、この史料に記載された最後の年である寛政四年（一七九二）まで脇本陣を勤めていた。

　この後、脇本陣として名前のでてくるのが松坂屋権右衛門で、享和二年（一八〇二）の「御分間御絵図御用宿方明細帳下」には「脇本陣壱軒　凡建坪六拾弐坪　松坂屋権右衛門　但シ門無御座候」とあり、この調査をもとに作成された「東海道分間延絵図《とうかいどうぶんけんのべえず》」にも二川宿中町の街道南側に脇本陣の表示があることから（前述のとおり松坂屋権右衛門は、文化三年（一八〇六）までは中町街道南側の馬場彦十郎家東隣に位置していた）、享和年間頃から脇本陣を始めていたようである。これ以降松坂屋権右衛門が明治まで脇本陣を続けることになる。

◉——規模と構造

二川宿旅籠屋の規模を間口などの判明する天保一三年（一八四二）の史料でまとめたものが表

表５　天保13年　二川宿旅籠屋の規模

位置	旅籠屋名		石高(石)	間口×奥行(間)	家族(人)	奉公人(人)			
						下男	下女	馬士	飯盛女
中町南側	松屋	源治	0.633	2.5×6	5	0	0	0	2
	花屋	**吉左衛門**	2.808	6×12	3	0	1	1	2
	伊勢屋	**利左衛門**	1.128	4×6	3	0	0	0	2
	清川屋	**与平次**	1.481	3×9.5	2	0	0	1	2
	小倉屋	元助	1.743	4.5×8	3	0	0	0	0
	中屋	**半左衛門**	4.158	3×13	5	0	0	1	2
	清明屋	**八郎兵衛**	9.638	5×10.5	6	1	1	1	2
	綿屋	**熊吉**	1.442	4×6.5	2	0	0	0	2
	常盤屋	常助	1.330	4×13.5	3	0	1	1	2
	美濃屋	左兵衛	5.752	3×9	6	0	0	1	0
	笹屋	**四郎右衛門**	2.274	5×8	3	0	0	0	2
	三度屋	**十右衛門**	2.023	5×8	4	0	0	0	2
	沢瀉屋	**弥次右衛門**	9.933	5×11	3	1	1	1	1
	蔦屋	市郎左衛門	3.145	4×4.5	6	0	0	0	0
	大野屋	**小八**	1.209	3×10	4	0	0	0	1
	鍵屋	**源右衛門**	3.645	5×8	3	0	1	1	2
	鈴木屋	**伝兵衛**	3.596	3.5×6	6	1	0	1	0
	田口屋	久八郎	8.234	5×5	5	0	0	1	0
中町北側	**若竹屋**	**太郎右衛門**	1.256	3×9.5	5	0	0	0	2
	壺屋	**伝左衛門**	1.251	6×11	3	0	1	1	2
	巴屋	**嘉七**	2.747	3×13.5	3	0	0	1	2
	海老屋	彦兵衛	1.244	3×9	4	0	0	1	2
	江島屋	**彦右衛門**	1.331	3×13	4	0	0	1	2
	松本屋	十三郎	2.344	5×9.5	7	0	0	1	2
	井筒屋	**藤助**	6.271	6×8	4	0	1	0	2
	格子屋	**平右衛門**	1.026	4×7.5	7	0	0	0	2
	真砂屋	源吉	5.832	4×10	6	1	1	0	0
	山家屋	**助五郎**	7.899	6×11.5	3	1	1	1	2
	松坂屋	**権右衛門**	8.508	7×13	3	1	1	1	2
	玉屋	専左衛門	0.896	3×6	3	0	0	0	0
	三河屋	**用七**	4.236	3×9	4	0	0	0	2
	和泉屋	**弥右衛門**	1.307	5×7	3	0	0	1	2
	寿屋	周助	1.424	3×8	4	0	0	0	1
	石田屋	利兵衛	2.553	3×8.5	6	1	0	0	2
	紅葉屋	徳右衛門	0.497	3×6	6	0	0	0	2
	江戸屋	伝吉	2.427	4×6.5	4	0	0	0	2
	吉野屋	**十左衛門**	3.577	5×10	3	0	0	1	2

＊太字は天保13年、元治元年ともに営業している旅籠屋。

表６　元治元年　二川宿旅籠屋の規模

項目	旅籠屋名		間口×奥行(間)	建坪(坪)	畳数(畳)		板敷(坪)
					間数	総数	
中町南側	花　屋	吉左衛門	5.5×9	49.5	6畳6間.4畳.3畳2間	46	4
	伊勢屋	利左衛門	4×4	16	8畳2間	16	4
	清川屋	与平次	3.5×7	24.5	8畳2間.6畳1間.3畳1間	25	—
	中　屋	半左衛門	6×	57	8畳3間.6畳3間.4畳3間	54	4
	清明屋	八郎兵衛	5×	55	10畳.8畳.6畳4間.3畳2間	48	6
	綿　屋	熊吉	4×6	24	8畳2間	16	3
	笹　屋	四郎右衛門	5×4	20	12畳	12	4.5
	三度屋	十右衛門	4×7.5	30	6畳4間.4畳	28	4.5
	沢瀉屋	弥次右衛門	5×9	45	6畳6間.4畳.3畳2間	(45)	4
	大野屋	小八	3×9	27	8畳3間.6畳	30	—
	鍵　屋	源右衛門	5×8.5	42.5	8畳4間.6畳2間.4畳.2畳.2階12畳	62	4
	鈴木屋	伝兵衛	4.5×5.5	25	8畳.6畳.3畳	17	—
	清田屋	八蔵	4.5×8.5	38	8畳2間.6畳2間	28	4
	小川屋	菊次	3×9	27	6畳3間	(26)	2
	村田屋	五郎吉	4.5×8.5	38	8畳2間.6畳.4畳	26	4
	新角屋	権之助	3×7.5	22.5	8畳.6畳	14	3
中町北側	若竹屋	太郎右衛門	3×9.5	28.5	8畳2間.5畳.3畳	24	2
	壺　屋	伝左衛門	6×8.5	51	8畳5間.6畳.4畳	50	4
	巴　屋	嘉七	3×11	33	8畳4間	32	2
	江島屋	彦右衛門	3×8	24	8畳.6畳2間	20	2
	井筒屋	藤助	6×	42	10畳.6畳4間	34	6
	格子屋	平右衛門	4×7.5	30	8畳2間.6畳2間.2階12畳	40	4
	山家屋	助五郎	6×8.5	51	8畳.6畳5間.4畳.3畳2間.2階8畳.4畳	60	5
	松坂屋	権右衛門	7×	89.5	8畳7間.6畳6間.4畳2間.3畳2間	106	12
	三河屋	用七	3×8	24	8畳2間.6畳.4畳	26	2
	和泉屋	弥右衛門	5×6.5	32.5	10畳.8畳.4畳.2階8畳	30	2
	吉野屋	十左衛門	4.5×8.5	36	8畳3間.6畳	30	3
	市川屋	万吉	3×	25.5	8畳2間.6畳2間	28	2
	橋本屋	平七	5×	40	8畳3間.6畳3間.4畳.3畳2間	52	4
	俵　屋	新右衛門	3.5×6	21	8畳2間.6畳	22	3
	中村屋	忠之助	3×10.5	31.5	8畳3間.6畳2間	36	2
	三田屋	万次郎	3×9	27	8畳.6畳4間.2階4畳	36	2
	松崎屋	吉三郎	4×7.5	(28)	8畳3間.6畳	30	1.5

＊(　)の数字は合計が合わないが、史料のままとした。

5である。三七軒の旅籠屋があり、所持の石高は六斗三升三合の松屋源治から九石九斗余の沢瀉屋弥次右衛門まで幅があるが、その平均は三石二斗六升五合である。

間口を見ると、二間半が最狭で一軒、最広は脇本陣の七間で一軒であるが、三間から三間半の間口が最も多く一四軒ある。次に家族数を見ると二人から七人までで、平均で四・二人となっている。また奉公人の数は、下男を抱える旅籠屋が七軒でいずれも一人である。また、下女を抱える旅籠屋は一〇軒で、やはりいずれも一人であり、このうち五軒が下男下女ともに抱えている。さらに、一九軒の旅籠屋では馬士を奉公人として抱えており、自身は出役しないものの、奉公人の馬士が代理人として伝馬役を勤めていたことがわかる。また、飯盛女を抱えている旅籠屋が三〇軒あり、その人数は幕府の規定どおり一軒に一人または二人で、総数五七人となっている。

表6は同じく旅籠屋の間口・建坪・部屋数などのわかる元治元年（一八六四）の史料をまとめたものである。天保一三年より三二年後の元治元年には、天保一三年当時営業していた旅籠屋三七軒のうち、一四軒が廃業しており、新たに一〇軒の名前が見え、総数では三三軒となっている。廃業した一四軒のうち元治元年の史料に引き続きその名が記されているものは七人で、一人が商家を営んでいる他はすべて農家となっている。

間口は三間～三間半が一二軒で最も多く、続いて四間～四間半が九軒、五間～五間半が七軒で、平均は四・三間となっている。元治元年の間口・奥行を分析した結果によれば、間口四間以下が二川宿全体の八一％を占めており、間口の細分化の進んでいた幕末期の二川宿においては、間口四間以上を有する旅籠屋は比較的大きな建物であった。

次に建坪数、畳・筵《むしろ》数を見ると、坪数は単純に間口×奥行で算出しているので正確さに疑問が残るが、最高は脇本陣松坂屋の八九坪半で、最低は伊勢屋の一六坪、平均は三五坪である。畳数は、百六畳の脇本陣が最高で、最低は一二畳の笹屋であり、平均は三四畳余となっている。部屋数は一七間《ま》の脇本陣は別格として、続いて山家屋の一一間が最高で、最低は一間の笹屋であり、平均は五・四間であった。

間口が五間以上の一二軒を見てみると、笹屋などの例外はあるものの建坪四〇坪以上、畳数も四〇畳以上と平均を上まわる家が多く、さらに、この一二軒のうち九軒が寛政七年には営業を開始し、天保一三年には飯盛女を抱えていることから、比較的大規模な建物を持ち、飯盛女を抱える旅籠屋が安定的な営業を行うことができ、永続性が保たれたということができる

また、畳数の内訳から、鍵屋・格子屋・和泉屋・三田屋の四軒に二階があることがわかる。しかし、ここでいう二階とはいわゆる総二階建てではなく、屋根裏を利用した二階であった。

図7は幕末期の本陣とその両隣二軒（清明屋・仲屋）の旅籠屋の間取図であるが、間口の広さにより多少構成の変化はあるものの、街道に面した板の間・通り庭・勝手、奥座敷、手水所、湯殿などの配置に大きな違いはない。この内、本陣東側の清明屋は主屋・繋ぎの間・奥座敷などで構成される旅籠屋構造の保存状況が良く、平成一四年から改修復原工事を行い、平成一七年一般公開された。工事の結果、文化一四年（一八一七）の建設と判明した。

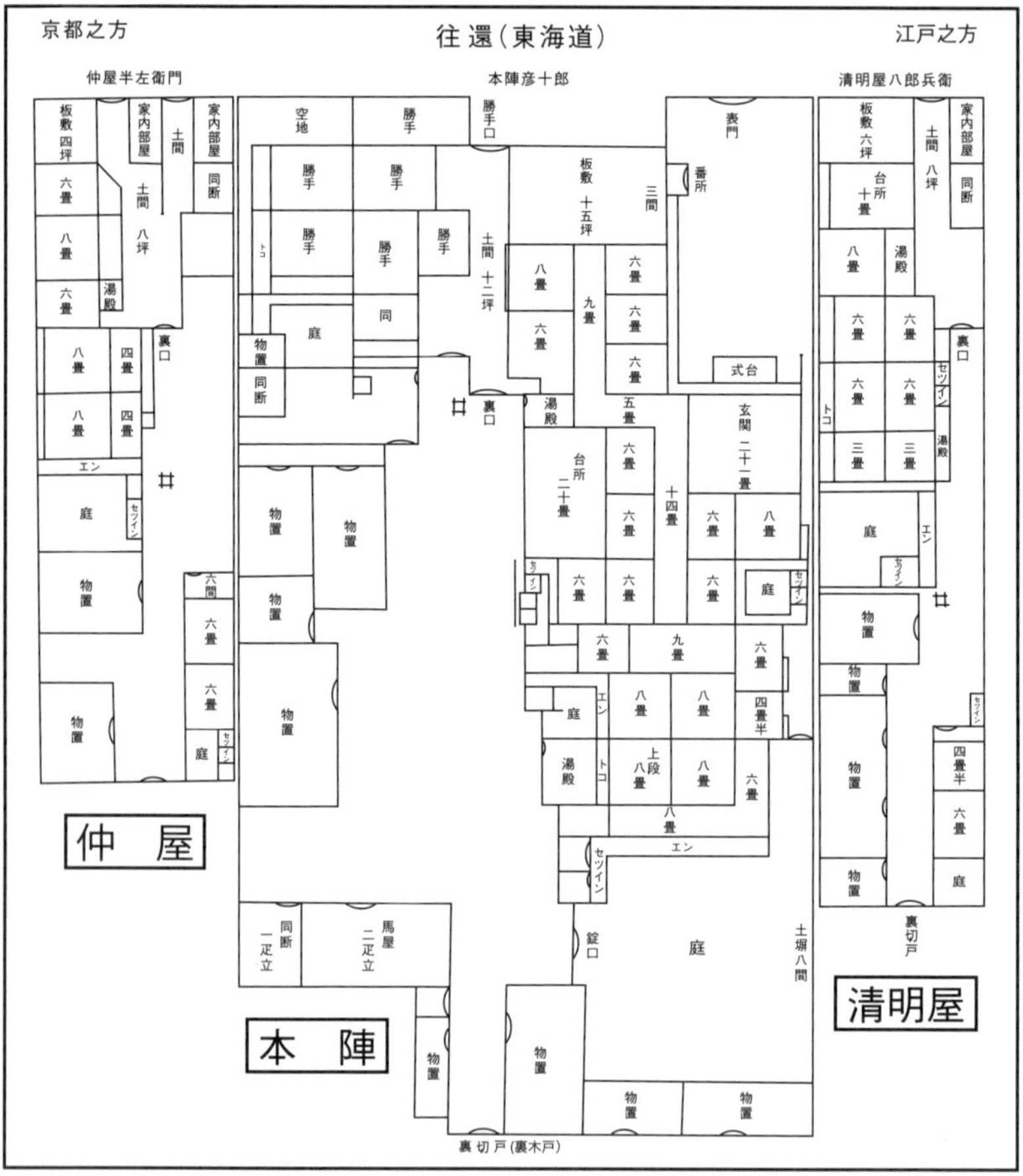

図７　本陣・清明屋・仲屋の間取図

◉――御用宿と諸家定宿

御用宿とは幕府役人などの公用旅行者の休泊を旅籠屋が引き受けることで、宿場の重要な役目として旅籠屋ではこれを断ることはできなかった。休泊料は相対賃銭に比べ低額で木銭程度か無賃の場合もあったが、足銭と称して宿場より助成金があった。

　二川宿には御用宿を引き受ける旅籠屋について一定の決まりがあった。天保一四年（一八四三）の史料によると、公用旅行者については宿役人が身分に応じて本陣・旅籠屋

改修復原後の旅籠屋清明屋内部

へ触れ当て、御三家については本陣より下宿をとるが、本陣で対応できない場合は宿役人立会のうえで宿を取り、身分の低い役人については順番で御用宿を申し付けている。さらに、御用宿は大・小二軒を日々決めておき、一人から二人の場合は小宿へ申し付け、三人以上の場合は大宿へ申し付けている。

　御用宿を勤めた際の足銭については、天保一〇年の記録では、幕府勘定役や普請役などの公用役人は、この時期の一般旅籠銭二〇〇文～二二四文から支払った木銭・米代を差し引き、残額を足銭として渡し、昼休の際は半額を渡している。番方・与力も支払った旅籠銭から不足分を支払い、諸大名についても同様としており、さらに公役方《くやくがた》・諸奉行通行の時も、留宿《とめやど》と称して旅籠屋一軒に二四文ずつ支払っている。

　また、御三家のうち尾張藩については一人につき一三二文の支払いとなっているので、六四文～八八文を足銭とし、通常の旅籠代である二〇〇文～二二四文になるようにし、紀伊藩については一人につき一四八文の支払いとなっているので、四八文～七二文を足銭とし同様の金額になるようにしている。また、京の公家衆についても同様の取り計らいを行っていた。

　以上のように旅籠屋は幕府公用役人などの休泊を御用宿として勤めるほか、諸大名の定宿の指定となることがあり、これも御用宿と呼ばれ、家中武士などの宿泊、人馬継立などの便宜を図った。

二川宿の旅籠屋が諸藩の定宿となった記録は、明治二年（一八六九）に山家屋が高松藩、同三年に壺屋が尾張藩の定宿となったものがあり、同じ年に沢瀉屋《おもだかや》が越前丸岡藩の定宿になった際の史料には、出火等非常時には荷物などを早速取り片付け、武士から小者に至るまで大切に世話をすること。金子不足となった場合には理由・藩印をよく確かめ、証文をとって用立て、藩まで知らせること。依頼があれば常に部屋を用意しておくこと。宿泊者がこの取り決め以外のことを申し立てても一切取り上げないこと。宿方に迷惑がかかれば藩まで知らせること。ただし、飯盛女は一切差し止めること。宿料は相場代金を当人より受け取り、酒・肴・菓子など馳走をしてはならない。藩印を持っていないものは宿泊を断ること、などが記載されている。丸岡藩においては倹約と旅籠屋に迷惑をかけない宿泊をすること、これに対し沢瀉屋は、宿泊者の世話を大切にす

表7　旅籠屋「沢瀉屋」の休泊者数

年　　号	休泊者数	総休泊料
天保11年(1840)	990人	26両3分余
天保12年(1841)	1,120	29両3分余
天保13年(1842)	1,453	36両3分余
天保14年(1843)	1,516	41両2分余
弘化元年(1844)	1,573	41両1分余
弘化２年(1845)	1,539	43両2分余
弘化３年(1846)	1,720	52両余
弘化４年(1847)	1,841	54両1分余
嘉永元年(1848)	1,907	55両2分余
嘉永２年(1849)	2,084	63両1分余
嘉永３年(1850)	1,513	54両2分余
嘉永４年(1851)	1,487	55両余
嘉永５年(1852)	2,341	72両1分余
嘉永６年(1853)	1,932	60両1分余
安政元年(1854)	1,646	51両1分余
安政２年(1855)	1,841	57両余
安政３年(1856)	1,844	57両1分余
安政４年(1856)	1,896	58両2分余
安政５年(1857)	1,996	65両1分余
安政６年(1859)	1,785	64両2分余
万延元年(1860)	1,769	68両2分余
文久元年(1861)	1,814	85両余
文久２年(1862)	2,136	95両余
文久３年(1863)	2,112	106両3分余
元治元年(1864)	2,046	102両1分余
慶応元年(1865)	2,602	178両3分余
慶応２年(1865)	1,978	211両2分余
慶応３年(1867)	1,972	243両1分余
明治元年(1868)	2,824	345両2分余
明治２年(1869)	1,721	266両1分余
明治３年(1870)	1,470	240両1分余
明治４年(1871)	1,465	194両3分余
明治５年(1872)	1,950	200両1分余
明治６年(1873)	2,339	239両2分余
明治７年(1874)	－	－
明治８年(1875)	－	－
明治９年(1876)	2,089	248円余
明治10年(1877)	1,993	214円余
明治11年(1879)	2,304	253円余

ること、及び無用の接待、飯盛女の世話はしないようにとされている。

なお沢瀉屋については幕末から明治にかけての休泊者数の記録が残っており、表7はそれをまとめたものである。旅籠屋の休泊者数の記録はめずらしくほかとの比較はむつかしいが、初期には千人前後であった休泊者数は幕末に増加し千五百人から二千人前後となり、明治元年には二八二四人と最高を記録し、以後二千人前後で推移している。一日平均にすると五人前後の利用者数となる。

◉――加宿大岩町（茶屋・商人宿）と二川旅籠屋の関係

茶屋は、宿場や間《あい》の村、渡船場、峠などに設けられた旅人の休憩場所であったが、一般庶民の旅行が増大するとともに繁栄し、なかには遊女まがいの給仕女を置いたり、食事を出し旅人を宿泊させ、さらには荷物の継立を行う者まであらわれた。これに対して幕府は、新規茶屋の営業禁止・給仕女の制限・営業時間を昼間に限るなどの触れを出し、さらに茶屋など宿場以外の間の村での宿泊及び荷物付送りを禁止し、その後も同様の触れがたびたび出された。

ここで問題となるのが加宿大岩町である、大岩町は正保元年（一六四四）の移転後加宿となり二川と同等に伝馬継立などを行ってきたのであるが、加宿であるため前記法令などの間の村と同様の扱いを受け、旅籠屋を営業し旅人を宿泊させることは許されていなかった。そのかわり大岩町の西端は立場に指定されており、茶屋が多く営業し大名の小休を受ける茶屋もあり、二川の本陣とたびたび争いを起こしてきたことは前述のとおりであるが、大岩町の茶屋は旅籠屋とも旅人の宿泊などをめぐって争いを繰り返していた。

旅籠屋と茶屋の争い

文化三年（一八〇六）二川の旅籠屋二一軒が支配役所である赤坂役所へ大岩町の茶屋を訴えた。これによれば、近年大岩町の茶屋で旅人を宿泊させており、たびたび大岩町の役人へ差し止めるよう掛け合ってきたが聞き入れられずにいた。ところがこの六月茶屋十郎兵衛、次郎八が旅人を大勢泊めたので、早速両人に掛け合ったところ、かねて縁のある者であったので泊めたまでで、他の者は宿引きなどを出しているが、我々は出していないと申し立て、旅人の宿泊をやめようとしなかった。このため旅籠屋一同は赤坂役所へ訴え出たが、このなかで旅籠屋は、二川宿・旅籠屋とも困窮が続き家屋敷の修復もできず見苦しいため、大名はもちろん一般旅人の宿泊もなく、旅籠屋の大部分は伝馬役を負担しているのでいよいよ困窮が増しているとし、茶屋での休泊は以前よりたびたび禁止の触れが出ているにもかかわらず、大岩町の茶屋が不法に旅人を泊めているせいで、旅籠屋としての利益もなく、家屋敷の修復も行き届かず、宿場の義務である伝馬継立・御用宿もできかね、潰家の出ることは眼前に迫っている、と訴えている。

この訴訟の結果は明らかでないが、前述の触れがあることから、大岩町の茶屋が今後旅人を宿泊させないことで決着がついたのであろう。ここでは、大岩町の茶屋における旅人宿泊が、二川宿旅籠屋の死活問題として訴えられており、宿場の独占権である旅人の宿泊は大岩町には認められていないことが確認できる。

商人宿の営業

嘉永四年（一八五一）大岩町の伝馬人である彦九が新規に宿泊施設として商人宿を始めたため、二川の旅籠屋より営業停止の訴えが役所へ出された。これに対し大岩町では次のように申し立てた。「大岩町は正保元年の移転以来問屋場も二川と大岩にそれぞれ設け、伝馬継立を半々に負担している。さらに宿助成金や継飛脚給米その他の助成なども二川と半々に受け取っている。しかし、加宿である大岩は本宿二川と違い、諸家休泊や飯盛女の助成を受けることができず、伝馬役を負担しているにもかかわらず、旅籠屋などの宿泊施設を営業し、旅人宿泊や飯盛女召し抱えによる利益を受けることができない」と主張している。そのうえで、「町内の彦九が商人宿営業を願い出たので、伝馬役の助成になるためこれを認めたところ、二川の旅籠屋より差し止めの訴えがあったが、商人宿は他の宿場にも数多くあり、旅籠屋の差し障りになることはないので、営業を続けられるように」と願い出たという。

この大岩町彦九の商人宿営業は、白須賀宿・舞坂宿・中泉村の役人の仲裁により和解となり、彦九の商人宿掛札は仲裁人が一時預かり、今後二川・大岩双方の協議により結論を出すこととなった。すなわち彦九の商人宿営業はひとまず阻止されたのである。

しかし、この彦九の商人宿営業は最終的に認められたようで、慶応三年（一八六七）の大岩町の各種職業を記載した史料には「商人宿壱軒　稼人彦九」とその名が見え、最終的には旅籠屋とは宿泊の対象が異なる商人宿は営業を認められたようである。

また、明治以降は大岩町にも旅籠屋が開業しており、明治七年には織屋彦九・海老屋六三郎・万屋茂三郎・柏屋次郎八・大崎屋七三郎などの名が見え、織屋彦九は商人宿の彦九であり、万屋、柏屋、大崎屋は茶屋として江戸期の史料にその名が見える屋号である。

●――浪花講

文化元年（一八〇四、文化一三年ともいう）旅籠屋協定組織の最初といわれている「浪花組《なにわぐみ》」が結成された。講元は大坂の松屋甚四郎であるが、発案は手代の源助で、源助は行商のために全国を旅していたが、どこに行っても一人旅の客は敬遠され、飯盛女を勧められるなど風儀の悪い旅籠屋の多いことに気づき、これを改めるため全国主要街道の良心的な旅籠屋を組織し、加盟店には目印の看板を掛けさせるとともに、利用者には所定の鑑札を渡して、講中の旅籠屋には安心して泊まれるようにしたのである。この「浪花組」は後に「浪花講」と名を改め大いに繁盛したらしく、各宿場の定宿・休所・茶屋を記して紹介した「浪花組道中記」、「浪花講定宿帳」など道中記を兼ねた定宿帳を数種類も刊行している。

このほか江戸後期には「東講」「三都講」「月参講」など数多くの講が組織され、各宿で何軒もの旅籠屋が種々の講に加盟し、定宿となっていた。

二川宿においては、山家屋・沢潟屋・松坂屋・壺屋が各種の講指定宿となっている。「浪花講」には明治初年に至るまで山家屋助五郎が一貫して指定されている。山家屋はこのほかにも、「東講」、「商栄講」、明治に入り結成された「一新講」の定宿に指定されており、二川宿の代表的な旅籠屋であったようである。しかし、ここで問題となってくるのは、後の飯盛女の項で見るが、天保一三、一四年当時山家屋はじめここに記した四軒は飯盛女を抱える飯盛旅籠屋であったことである。

浪花講では講指定の旅籠屋へ泊まった旅人には飯盛女を勧めることはないとし、万一旅人へ飯盛女を勧めたり、粗略な扱いを受けることがあれば、講元までお知らせください、そうすれば定宿を差し替えるとしており、信用できる講であることを明らかにしていた。

しかし、浪花講定宿である山家屋に飯盛女が存在することは、講設立の精神に反することになり、前記規定が適用されていれば山家屋は定宿を外されたはずであるが、講の定宿帳を見る限りその様子はない。これは、浪花講指定の定宿にも飯盛旅籠屋が少なからず存在し、浪花講中の旅人は鑑札を持参するため飯盛女を勧めることはないが、その他一般の旅人には飯盛女を勧めることもあったということであろう。

浪花講設立にあたっては飯盛女を勧めない良心的な旅籠屋、言い換えれば平旅籠屋を選んだはずであるが、選定にあたっては経営規模や長い歴史のある老舗も当然選定基準に入っていたはずであり、経営基盤の安定した旅籠屋は当然飯盛女を抱えているところも多かったと考えられる。

そうでなければ定宿帳まで作成・刊行した指定旅籠屋が、旅籠屋の変遷などで見たように、次から次へと廃業していったのでは、講の信用の面からも経営の面からも問題となったであろう。

◉――木賃宿

木賃宿は、前述のとおり中世より続く自炊式の宿屋であったが、一七世紀中期以降、食事を提供する旅籠屋が大いに発達し、木賃宿は宿場はずれや町裏における零細庶民の安宿となった。とくに江戸時代後期には大道商人・助郷人足・雲助・日雇稼・旅芸人・貧しい渡り者などを対象とする宿泊施設となり、木賃宿の経営者も無高か零細な石高の者が多かったとされる。

二川宿には木賃宿の史料が少ないが、嘉永二年（一八四九）の史料には木賃宿八名の名前が記されている。八名の位置をほぼ同年代の宿絵図から探したところ、八名全員大岩町にその名が見られた。これは先に見たように、大岩町は加宿であるため旅籠屋の営業が認められず、嘉永四年に彦九が商人宿を始めた際に、二川の旅籠屋一同がそれを差し止めたことと反対に、加宿であっても木賃宿の営業による旅人の宿泊は認められていたことになる。旅籠屋と木賃宿では基本的に宿泊する対象が異なっていたために、旅籠屋の営業に影響を与えなかったことが理由であろうか。

木賃宿の位置を見ると、六名は大岩茶屋町の西出口付近に位置しており、宿端ではあるが、前述のとおり大岩茶屋町の西端は立場茶屋として賑わいをみせていた地域であった。他の二名は大岩中町の二川宿中町に隣接した地域にその名が見え、宿場の中央に位置していた。この宿絵図には職業も記してあるが、八軒の内訳は茶屋一軒、ソバ屋一軒、百姓六軒である。

この八軒について約一五年後の元治元年（一八六四）「東海道二川宿軒並図面書上帳」でその名を見ると、空き家一軒を含めて五人の名が見える。ソバ屋であった家は茶屋となり、他は農家である。これらの家がこの時期も引き続き木賃宿を営業していたかは不明であるが、建物の間口は三間から四間までで、建坪も一二坪から一八坪までと小規模であり、部屋数も二間以下であり、なかには筵だけで畳のない家もある。所持の石高は不明であるが零細な家であったことがうかがえる。

一方、二川の木賃宿については、安政四年（一八五七）の史料によりその存在を確認できる。木賃宿仁八方に宿泊していた旅人が死亡したため、その経過を赤坂役所へ届け出た記録である。この仁八を先の元治元年の軒並図で探すと、二川中町の北側大岩町寄りに位置しており、まさに宿場の中央に立地していたことになる。職業・等級などを見ると、農家・間口三間×奥行四間半・建坪一三坪半・筵六枚一間《ま》・同四枚一間となっており、所持の石高などは不明であるものの、やはり零細な暮しであったようである。

木賃宿の様子　木曽海道六拾九次之内　御嶽　歌川広重画
（豊橋市二川宿本陣資料館蔵）

◉——飯盛女

街道における遊女の存在は古く、平安末から鎌倉時代の宿に白拍子《しらびょうし》と称される女性のいたことが知られる。江戸時代に入り、宿場の旅籠屋や茶屋が発達してくると、旅人誘引を目的として、食事の給仕などを名目に遊女まがいの女性を置くようになった。幕府は宿場に遊女を置くことを禁止したが、旅籠屋などでは、食事の給仕をするという名目で飯盛女《めしもりおんな》（飯売女《めしうりおんな》とも呼ぶ）と称する女性を置き客の相手をさせたため、幕府の禁令にかかわらず飯盛女の数は増えていった。このため幕府は享保三年（一七一八）飯盛女の数を旅籠屋一軒に二人までとしこれを黙認したが、衣類は麻・木綿を着用させ華美な服装を禁じた。宿場側では一軒に二人までという制限を拡大解釈し、飯盛女を置く飯盛旅籠屋と置かない平旅籠屋を合わせた宿内旅籠屋数の二倍を宿場で抱えることのできる最大飯盛女数とし、他の旅籠屋から預かるなどの名目で二人以上の飯盛女を抱える旅籠屋も多かった。

二川宿の飯盛女

二川宿の飯盛女総数のわかる年次は江戸時代後期四年分のみで、文政三年（一八二〇）三〇人、天保六年（一八三五）二七人、同一三年五七人、翌一四年四八人となっている。

このうち天保一三、一四年の旅籠屋名・飯盛女名・年齢などが記載された「飯盛女人別帳」を見ると、天保一三年には三七軒の旅籠屋のうち、三〇軒に一人または二人の飯盛女がおり、総数五七人となっているが、三〇軒のうち一二軒は飯盛女を他の旅籠屋に預けており、一一軒の旅籠屋が規定を超える五人から三人の飯盛女を通常置いている。では、他家に飯盛女を預けた旅籠屋が平旅籠屋であったかといえばそうではないようで、他の史料には、末々（小規模または場末か）の旅籠屋では平日の宿泊者が少ないので、主だった旅籠屋へ飯盛女を預けておき、休泊のあった場合に飯盛女を呼び寄せ働かせると記されている。休泊者の要望があれば預けておいた飯盛女を呼び寄せ働かせたということであり、飯盛旅籠屋と平旅籠屋は厳密に区別できるものではなかったようである。

次に天保一四年では、旅籠屋総数三七軒は変わらないが、旅籠屋一軒の飯盛女数は総て二名以内となっており、飯盛旅籠屋二六軒、飯盛女数は四八人と減少している。

次に飯盛女の年齢を見ると、天保一三年では一六歳から二三歳までで、一八歳が一四人、一九歳が一一人、二〇歳が八人と多く、平均年齢は一八・九歳となっている。翌十四年には年齢構成は一六歳から二四歳までと変らないものの、二二歳一一人、一九歳八人が多く上下に分散した年齢構成となっており、平均年齢も一九・九歳となっている。

雇用の状況と出身地

飯盛女が旅籠屋に奉公する場合、「飯盛下女奉公人請状《めしもりげじょほうこうにんうけじょう》」などと記された証文を作成する。記載内容は、奉公の期間・年齢・給金・公儀法令の遵守・死亡後の処理などが一般的である。

二川宿には現状では一点残るのみで、天保九年吉田宿曲尺手町平蔵の娘みきが、二川宿の旅籠屋巴屋へ飯盛奉公に出たときのものである。奉公の年季は一四年余であるが、給金は金一両二分と低額で、年齢は記されていない。奉公の理由は「御年貢ニ差詰り」とあり、こうした理由が大部分であった。給金は前払いで親の平蔵に渡され、みき自身は衣食住は保証されるものの無給であり、実質的には年季を定めた人身売買であった。

二川宿の飯盛女個々の自歴は不明な点が多いが、前出の巴屋へ召し抱えられたみきは吉田宿の出身であり、後述する相対死の史料二件の出身地は、伊勢国安芸郡白塚村（現、津市）と二川宿内である。明治五年（一八七二）の史料には八人の飯盛女の出身地・召し抱えの時期・名前・年齢が記載されている。これによれば、年齢は一五歳から二一歳までで平均一七・五歳、奉公時の年齢は九歳から一五歳と若く、召し抱えの期間も一〇年に及ぶ者がいる。また、出身地は二川宿南方の高塚村や宝飯郡牛久保村、遠州敷知郡大森村など近村の他に、伊勢国出身が四名いる。

相対死と欠落

飯盛女のなかには厳しい生活から逃れるために、馴染みの客などと相対死《あいたいじに》（心中）したり欠落《かけおち》（駆け落ち）する者が多く見られ、「飯盛下女奉公人請状」にはそうしたことを前提に、死亡や欠落の条項があり、とくに欠落した場合には厳しい捜査が行われた。ここでは、二川宿に残る史料から相対死・欠落の例を見ることとする。

嘉永六年（一八五三）旅籠屋巴屋の飯盛女きゃうが相対死した史料を見ると、きゃうは伊勢国安芸郡白塚村の出身で当時二四歳であった。最初は岡崎宿伝馬町の旅籠屋煙草屋新太郎へ飯盛奉公に出たが、ついで御油宿中町綿屋佐与吉方へ「限出」という言葉で移り、さらに二川宿巴屋嘉七へ二年間の「限出」で店を移ったのであった。このように飯盛女が旅籠屋を移動する例は各地に見られ、奉公とはいいながら、旅籠屋の借金の方や質物として、最初の旅籠屋の年季が終わらないうちに商品と同じように売買され旅籠屋を移動していた。

きゃうは、一〇月二七日の夜家出し、二川の旅籠屋格子屋平右衛門の倅《せがれ》七蔵と加宿大岩町地内火打坂の池へ飛び込み相対死したのである。飛脚により知らせを受けたきゃうの親は、いそいで二川へ駆け付け、不始末の段をわび、本来なら支配役所へ届け検死を受ける定めであるが、綿屋からの申し出もあり内密に事を済ませ、きゃうは二川宿の松音寺へ葬られた。

ついで、安政六年（一八五九）旅籠屋中屋の飯盛女ミつが相対死した史料を見ると、ミつは二川宿内の出身で、年齢は不明であるが中屋半左衛門方で飯盛奉公をしていた。しかし、八月一一日夜家出をしたため、親・親類・組合で探したところ、加宿大岩町の沢渡池で二川宿南方小島村の清作と相対死しているのが発見された。ここでもミつの親・親類・組合の願いにより、支配役所への届け出はなされず内々の処理となった。しかし、この一件は支配役所の知るところとなり、小島村から支配役所へ未届けにつき叱りを受け詫び状を提出した史料が残されている。

最後に、安政五年から文久元年（一八六一）頃発生した欠落について見ると、三河国碧海郡桜井村の市五郎は二川の旅籠屋伊勢屋利左衛門方へ宿泊し、隣の旅籠屋清川屋与平次方から酒の相手として飯盛女やゑを呼んだ。しかし、その夜両人は欠落したため、所々に手配をし追っ手を差し向けたのである。その結果三日後に両人を宝飯郡大塚村で見つけ出し、すぐさま二川宿へ連れ戻そうとした。しかし、途中で市五郎の知人と称する金作さらには熊蔵と出会い、両人の頼みにより欠落した市五郎・やゑを西方村で一泊させ、追っ手の者は報告のため帰宿した。しかし、その夜の内に市五郎・やゑは逃げてしまったのである。二川宿では、御伝馬助成のために召し抱えている飯盛女のことであるので、なおざりに捨て置くことはできないとして、西方村へ掛け合ったのであるが、話合いはつかず、西方村の領主である大岡越前守役場へ訴え出た結果、金作・熊蔵から金四両が支払われることとなった。二川宿の申し分の通り、飯盛女は伝馬御用を勤めるために許された宿場の財産という意識があったため、厳重な探索が行われるとともに、その逃走を手助けした者へは、たとえ他領の者であっても、訴訟を起こし糾弾したのである。

こうした相対死や欠落の相手は、近隣の村や助郷村の場合が多く、飯盛女が街道の旅人を誘引するだけでなく、近在の村や助郷村の者も呼び寄せる効果をもっていたことを示している。助郷村などの農民層にとって、町場化した宿場は開放的気分を味わえる場であり、こうした近在の村や助郷村の者であるからこそ、一般の旅人と違い、宿場へ顔を出す回数も多くなり、飯盛女と顔なじみとなり、これが道ならぬ恋となり、さらには欠落・相対死へと発展していった。

二川宿でも、「浜（太平洋沿岸）から、野依・植田あたりまで、吉田にするか二川にするかが合言葉にされたということで、宿の女も〃浜の若い衆はあてにはならぬ　鰯漁れりゃ来る　漁れにゃ来ぬ〃と唄をうたった」との伝承が伝えられており、近隣の村や助郷の若者が客となっていた様子がうかがえる。

飯盛女と宿財政

飯盛女を旅籠屋が奉公人の名目で召し抱えることは、飯盛女の存在により旅人の宿泊を誘引できるからであり、飯盛女を召し抱えること、またその人数の多寡が旅籠屋の繁栄に関係していた。幕府が飯売女を黙認したのも、飯盛女の存在により公用人馬継立の伝馬人でもある旅籠屋が繁栄し、それが宿場財政の助成になるからであった。多くの宿場では、飯盛女の働きにより収入を得る旅籠屋から、運上金《うんじょうきん》・冥加金《みょうがきん》などの名目で金銭を上納させている。天保一〇年から一二年に見付宿では、毎年二五両が飯盛旅籠屋より伝馬助成として宿方へ上納されている。天保年間の大磯宿では、二〇両が飯盛女益金として宿財政に組み込まれており、安政元年小田原宿では飯盛助成刎銭として一四〇両が計上されている。

二川宿において旅籠屋から宿方へ運上金を支払うようになるのは、天保一四年からで、宿内の飯盛女をおよそ三〇人と見積もり七両二分を収入としている。翌弘化元年には金六両となり、同二年には三両二分、同三年には三両と減少し、これ以降史料の残る嘉永六年まで金三両で固定している。この運上金は二川・大岩で等分に配分されている。

おわりに

二川宿に関する研究は、本陣馬場家などに残る豊富な史料を基に戦前より行われてきたが、平成三年の二川宿本陣資料館開館を契機として本格的な史料収集・調査が行われ、史料目録、史料集の刊行、展覧会の開催及び展覧会図録の刊行がなされた。こうした成果を基に参考文献に記したように近年多くの論文・著作が発表され、二川宿に関する研究はより深化してきた。

本書は、二川宿に本陣馬場家と旅籠屋清明屋が残ることから、参考文献を中心とした先学の著述を参考としながら、若干の知見を加えて構成し、二川宿については概要を記すにとどめ、本陣・旅籠屋に関する項目に重点を置いて記述した。本来ならば引用文献・史料などの注記が必要であるが、煩雑を避けあえて記載しなかった。より詳しい内容については参考文献を参照されたい。

平成一九年より「二川宿本陣宿帳」全四冊の刊行が始まり、平成二一年には二冊目が刊行となる。「宿帳」には本陣利用や街道交通に関する多様な内容が記されており、本書ではその一端を紹介したにすぎない。「宿帳」をはじめとして二川宿には数千点に及ぶ史料が残されている。本書が入口となり、これら史料をひもとくことにより「街道無類之貧小宿」と自称した二川宿の実像に迫る研究がより一層進むことを期待したい。

最後に、本書執筆の機会を与えて頂いた愛知大学綜合郷土研究所の皆様、ともに調査研究を行ってきた職場の先輩・同僚、日頃よりご指導頂いている皆様に感謝の意を表します。

参考文献

大山敷太郎「助郷と農民の生活」『日本交通史の研究』改造社　昭和四年
鈴木関道『東海道に於ける二川宿大岩加宿の研究』自家版　昭和八年
大山敷太郎『近世交通経済史論』国際交通文化協会　昭和一六年
那賀山乙巳文『二川風土記』自家版　昭和四六年
『豊橋市史』第二巻　豊橋市　昭和五〇年
切池　融「東海道二川宿における助郷の成立とその意義」『交通史研究』一一号　昭和五九年
見城幸雄「『万書込日記』解題二」愛知大学綜合郷土研究所叢書三集『三州渥美郡馬見塚村渡辺家文書』昭和五五年
紅林太郎『東海道二川宿の研究』自家版　昭和五六年
『二川　水と緑と歴史の町　二川地区環境整備基本計画調査報告書』豊橋市　昭和六〇年
『歴史の町ふたがわ』豊橋市教育委員会　平成三年
伊奈利定「俳人馬場梅士覚書――二川宿俳諧略史――」豊橋市美術博物館『研究紀要』創刊号　平成四年
三世善德「二川宿における助郷の変遷――天保期の増助郷・宿附助郷を中心として――」豊橋市美術博物館『研究紀要』創刊号　平成四年
『郷土資料展Ⅰ　二川宿本陣馬場家文書』豊橋市二川宿本陣資料館　平成四年
『岩屋観音と大岩寺展』豊橋市二川宿本陣資料館　平成四年
『郷土資料展Ⅱ　田村家文書』豊橋市二川宿本陣資料館　平成五年
和田　実「二川宿問屋についての覚書」豊橋市美術博物館『研究紀要』二号　平成五年
『郷土資料展Ⅲ　二川区有文書』豊橋市二川宿本陣資料館　平成六年
『大名の宿　本陣展』豊橋市二川宿本陣資料館　平成六年
伊奈利定「二川宿本陣利用の一事例　御宮公家の場合」豊橋市美術博物館『研究紀要』四号　平成七年

和田　実「二川宿における文書の管理と伝来」豊橋市美術博物館『研究紀要』四号　平成七年
『郷土資料展Ⅳ　山本家・大岩区有文書』豊橋市二川宿本陣資料館　平成七年
渡辺和敏「二川宿の本陣役を継承した馬場家の経営」『東海道交通史の研究』清文堂出版　平成八年
『郷土資料展Ⅴ　紅林家文書』豊橋市二川宿本陣資料館　平成八年
『本陣に泊まった大名たち　福岡藩黒田家と鹿児島藩島津家』豊橋市二川宿本陣資料館　平成八年
三世善徳「東海道二川宿に見る人馬賃銭の割増」豊橋市美術博物館『研究紀要』六号　平成九年
渡辺和敏『二川宿総合調査報告書　文献資料編　古文書にみる江戸時代の二川』豊橋市教育委員会　平成一一年
和田　実「宿駅における本陣利用重複時の諸相」『愛知大学綜合郷土研究所紀要』四四輯　平成一一年
三世善徳「近世前期東海道宿駅に対する幕府助成金穀について」豊橋市美術博物館『研究紀要』八号　平成一一年
三世善徳「東海道二川宿における旅籠屋と飯盛女」豊橋市美術博物館『研究紀要』九号　平成一二年
三世善徳「東海道二川宿における関札設置の諸相」『愛知大学綜合郷土研究所紀要』四五輯　平成一二年
渡辺和敏「東海道二川宿の本陣・旅籠屋と茶屋の係争」『愛知大学綜合郷土研究所紀要』四五輯　平成一二年
『郷土資料展Ⅵ　田中家・大石家文書』豊橋市二川宿本陣資料館　平成一二年
『東海道五十三次宿場展Ⅸ　二川・吉田』豊橋市二川宿本陣資料館　平成一三年
三世善徳「本陣弐分通頂戴金の成立とその変遷」『愛知大学綜合郷土研究所紀要』四六輯　平成一三年
『東海道宿駅設置四〇〇年記念　歴史の道　東海道』豊橋市美術博物館　平成一三年
和田　実「宿駅における馳走儀礼」『愛知大学綜合郷土研究所紀要』四七輯　平成一四年
『二川宿史料集第一集　近世豊橋の旅人たち　旅日記の世界』豊橋市二川宿本陣資料館　平成一四年
三世善徳「東海道における往還掃除丁場」『愛知大学綜合郷土研究所紀要』四八輯　平成一五年
渡辺和敏『愛知大学綜合郷土研究所研究叢書18　東海道交通施設と幕藩制社会』愛知大学綜合郷土研究所　平成一七年
『豊橋市二川宿本陣資料館展示案内』豊橋市二川宿本陣資料館　平成一八年
『二川宿史料集第二集　二川宿本陣宿帳Ⅰ』豊橋市二川宿本陣資料館　平成一九年

【著者紹介】

三世善徳（みつよ　よしのり）

1959年　愛知県豊橋市生まれ
1983年　駒澤大学文学部地理学科卒業
〃　豊橋市役所勤務
1985年　豊橋市美術博物館へ異動
1987年　豊橋市美術博物館学芸員
1991年　豊橋市二川宿本陣資料館へ異動
現　在　豊橋市二川宿本陣資料館副館長
愛知大学綜合郷土研究所研究員
交通史研究会会員
主要論文＝参考文献参照
研究分野＝近世交通史

愛知大学綜合郷土研究所ブックレット⑰

東海道二川宿　本陣・旅籠の残る町

2009年 3 月15日　第 1 刷発行

著者＝三世 善徳 ©

編集＝愛知大学綜合郷土研究所
〒441-8522 豊橋市町畑町1-1　Tel. 0532-47-4160

発行＝株式会社 あるむ
〒460-0012 名古屋市中区千代田3-1-12　第三記念橋ビル
Tel. 052-332-0861　Fax. 052-332-0862
http://www.arm-p.co.jp　E-mail: arm@a.email.ne.jp

印刷＝東邦印刷工業所

ISBN978-4-86333-011-5　C0321

刊行のことば

愛知大学は、戦前上海に設立された東亜同文書院大学などをベースにして、一九四六年に「国際人の養成」と「地域文化への貢献」を建学精神にかかげて開学した。その建学精神の一方の趣旨を実践するため、一九五一年に綜合郷土研究所が設立されたのである。

以来、当研究所では歴史・地理・社会・民俗・文学・自然科学などの各分野からこの地域を研究し、同時に東海地方の資史料を収集してきた。その成果は、紀要や研究叢書として発表し、あわせて資料叢書を発行したり講演会やシンポジウムなどを開催して地域文化の発展に寄与する努力をしてきた。今回、こうした事業に加え、所員の従来の研究成果をできる限りやさしい表現で解説するブックレットを発行することにした。

二十一世紀を迎えた現在、各種のマスメディアが急速に発達しつつある。しかし活字を主体とした出版物こそが、ものの本質を熟考し、またそれを社会へ訴える最適な手段であると信じている。当研究所から生まれる一冊一冊のブックレットが、読者の知的冒険心をかきたてる糧になれば幸いである。

愛知大学綜合郷土研究所